农田建设培训系列教材

U0651477

耕地质量建设保护

政策技术问答

农业农村部农田建设管理司
农业农村部耕地质量监测保护中心　编著

中国农业出版社
北　京

农田建设培训系列教材
编辑委员会

主　任：郭永田

副主任：谢建华　郭红宇

委　员：陈章全　吴洪伟　杜晓伟　高永珍

　　　　李　荣　马常宝　王志强

《耕地质量建设保护政策技术问答》编写组

编写人员（按照姓氏笔画排序）：

卢　静　吴长春　何　冰　赵　明　胡　炎

袁晓奇　党立斌　矫　健　曾　豪　曾毓婷

董　燕　楼　晨　黎晓莎

配图人员：任　意　薛思远

前 言
FOREWORD

习近平总书记指出，"耕地红线不仅是数量上的，而且是质量上的""保耕地不仅要保数量，还要提质量""耕地保护要求要非常明确，18亿亩耕地必须实至名归，农田就是农田，而且必须是良田"。万物土中生，有土斯有粮。耕地是保障国家粮食安全、支撑农业可持续发展的基础资源。各地各有关部门认真贯彻落实党中央、国务院决策部署，实行最严格的耕地保护制度，既保数量又提质量，耕地数量快速减少的趋势得到遏制，耕地质量总体上呈现稳中有升的态势。但受长期高强度超负荷利用方式影响，重用地、轻养地，重数量、轻质量，重建设、轻管理的倾向仍然在一定程度上存在，一些区域甚至还存在着较严重的耕地酸化、盐碱化等退化情况。2019年全国耕地质量等级情况公报显示，全国耕地中一等到三等的优质耕地仅占31%。优质耕地的紧缺，仍是当前耕地问题中的重点和难点，全面提升耕地质量任务艰巨。

为了增进农田建设管理人员、技术人员和广大农民等生产经营主体对 耕地质量相关基础知识、政策规定、技术措施的了解，深化对耕地质量在保障国家粮食安全中重要作用的认识，我们组织编写了本书，针对耕地相关基本知识、退化耕地治理、黑土地保护、土壤调查和耕地质量监测评价等方面内容进行系统梳理，以问答的形式对常见问题进行解答。在为耕地质量建设保护工作人员提供学习参考的同时，也希望能够向广大社会公众宣传普及耕地质量建设保护的基础知识和相关政策等。

由于耕地质量建设保护涉及的专业领域广，加之我国地形地貌复杂、土壤类型多样、措施模式各异，书中内容难以面面俱到，加之编者水平有限，难免存在不足之处，敬请读者批评指正。

本书编写组
2022年10月

目 录
CONTENTS

前言

案例篇

案例一

案例二

案例三

第一章　基础知识

第一节　耕地

1. 什么是耕地?

《土地利用现状分类》(GB/T 21010)^①规定,耕地指种植农作物的土地,包含熟地,新开发、复垦、整理地,休闲地(含轮歇地、休耕地);以种植农作物(含蔬菜)为主,间有零星果树、桑树或其他树木的土地;平均每年能保证收获一季的已垦滩地和海涂地。耕地还包括南方宽度小于1米和北方宽度小于2米固定的沟、渠、路和地坎(埂);临时种植药材、草皮、花卉、苗木等的耕地,临时种植果树、茶树和林木且耕作层未破坏的耕地,以及其他临时改变用途的耕地。耕地的二级类别中包括水田、水浇地和旱地。

2. 为什么说耕地是"要害"?

党中央、国务院历来高度重视耕地保护建设工作。党的十八大以来,习近平总书记多次作出重要指示,强调要像保护大熊猫一样保护耕地。2020年中央经济工作会议上,习近平总书记提出了"两个要害"重要论述,他指出,保障国家粮食安全,关键在于落实藏粮于地、藏粮于技战略,要害是种子和耕地。2021年中央政治局常委会会议专题研究"三农"工作时,习近平总书记指出,耕地保护要求要非常明确,18亿亩耕地必须实至名归,农田就是农田,而且必须是良田。2022年3月,习近平总书记在全国政协十三届五次会议的农业界、社会福利

---

① 凡本书中所引用的国家标准、行业标准均不注日期,以其最新版本(包括所有的修改单)为准。

和社会保障界联组会上再次强调，耕地是粮食生产的命根子，是中华民族永续发展的根基。准确把握耕地是"要害"，可以从以下三个方面理解。

（1）保护耕地是保障国家粮食安全的根本举措。我国是个人口众多的大国，解决好吃饭问题始终是治国理政的头等大事。在党中央的高度重视和坚强领导下，我国粮食生产实现了多年连丰，全国粮食总产量已经连续8年稳定在1.3万亿斤[①]以上，为经济社会发展打下了坚实基础，切实发挥了"压舱石"的作用。在此过程中形成了"以我为主、立足国内、确保产能、适度进口、科技支撑"的国家粮食安全战略，落实到农业生产中关键是实施藏粮于地、藏粮于技战略，首先就是解决好耕地这个"要害"。土地是农业生产最基础的生产资料。习近平总书记强调，耕地是粮食生产的命根子。毛泽东主席在农业"八字宪法"中把"土"排在第一位。可以说，抓好耕地这一"要害"，就守住了"两藏"战略的基础，就能稳住粮食安全的基石。

（2）保护耕地是突破农业高质量发展资源制约瓶颈的重要路径。我国农业发展存在的突出问题是经营规模小、装备条件差、竞争力不强，资源约束集中体现在耕地上。从资源家底情况看，我国耕地资源总量虽多但人均较少，而且经过长期的高负荷开发利用，耕地质量总体不高；从需求发展趋势看，随着我国经济社会发展和人口不断增长，消费结构不断升级，对粮食需求还将持续刚性增长；从农业结构调整看，不仅仅是粮食生产要用地，粮经饲之间、农牧渔之间也存在用地的结构性矛盾，乡村产业发展的用地需求在不断增加；从外部可得资源看，在新冠疫情冲击和地缘政治冲突加剧的背景下，越来越多的国家开始限制农产品出口，通过国际贸易缓解国内生产压力的空间越来越小。在严峻的资源制约情况下，既要确保国家粮食安全，又要促进农业高质量发展，还要满足乡村产业发展用地需求，有效途径只能是扎实做好耕地保护建设工作，在牢牢守住耕地数量的同时，通过工程、农艺、生物等多种措

---

① 斤为非法定计量单位，1斤＝500克。——编者注

施，大力提升耕地质量。

（3）保护耕地是赓续中华文化根脉的必然选择。中国有悠久而厚重的农耕文明。农耕文明是人类史上的第一种文明形态，其发展的基础依托就是人与耕地之间的关系。《管子·水地》云："地者，万物之本原，诸生之根菀也。"千百年来，耕地一直是广大农民生产劳作的主要场所和对象，也是农业农村生态环境中的自然资源，更是农耕文明传承发展的基本载体。传统文化中的安土重迁、守望相助、勤劳务实等观念，就是古人在与耕地长期的劳作互动中逐步形成的，并不断积淀成为千百年农耕文明的精髓。因此，加强耕地保护建设，不仅是农业生产的重要内容，也让农业农村"留得住乡愁"，传承优秀传统，增强文化自信的必然选择。

3. 我国耕地现状如何？

在数量上，以2019年12月31日为标准时点汇总数据的《第三次全国国土调查主要数据公报》显示，我国现有耕地19.18亿亩[①]。其中，水田4.71亿亩，占24.55%；水浇地4.82亿亩，占25.12%；旱地9.65亿亩，占50.33%。64%的耕地分布在秦岭—淮河以北。黑龙江、内蒙古、河南、吉林、新疆等5个省份耕地面积较大，占全国耕地的40%。

位于一年三熟制地区的耕地2.82亿亩，占全国耕地的14.73%；位于一年两熟制地区的耕地7.18亿亩，占37.40%；位于一年一熟制地区的耕地9.18亿亩，占47.87%。

位于年降水量800毫米以上（含800毫米）地区的耕地6.70亿亩，占全国耕地的34.96%；位于年降水量400～800毫米（含400毫米）地区的耕地9.45亿亩，占49.24%；位于年降水量200～400毫米（含200毫米）地区的耕地1.92亿亩，占10.01%；位于年降水量200毫米以下地区的耕地1.11亿亩，占5.79%。

位于2度以下坡度（含2度）的耕地11.88亿亩，占全国耕地的

---

① 亩为非法定计量单位，1亩≈667平方米。——编者注

61.93%；位于2～6度坡度（含6度）的耕地2.94亿亩，占15.32%；位于6～15度坡度（含15度）的耕地2.57亿亩，占13.40%；位于15～25度坡度（含25度）的耕地1.16亿亩，占6.04%；位于25度以上坡度的耕地0.63亿亩，占3.31%。

在质量上，农业农村部《2019年全国耕地质量等级情况公报》显示，全国耕地按质量等级由高到低依次划分为一至十等，平均等级为4.76等，较2014年提升了0.35个等级。其中评价为一至三等的耕地面积占耕地总面积的31.24%。这部分耕地基础地力较高，障碍因素不明显，应按照用养结合方式开展农业生产，确保耕地质量稳中有升。评价为四至六等的耕地面积占耕地总面积的46.81%。这部分耕地所处环境气候条件基本适宜，农田基础设施条件相对较好，障碍因素较不明显，是今后粮食增产的重点区域和重要突破口。评价为七至十等的耕地面积占耕地总面积的21.95%。这部分耕地基础地力相对较差，生产障碍因素突出，短时间内较难得到根本改善，应持续开展农田基础设施建设和耕地内在质量建设。

4.怎样从"数量、质量、生态"三方面保护耕地？

树立系统保护理念，从耕地的数量、质量、生态三方面实施保护，注重保护工作的整体性和完整性。

在数量上，保持耕地总量动态平衡，落实耕地占补平衡，确保实有耕地数量基本稳定，实行最严格的耕地保护制度，严守耕地保护红线。在质量上，落实耕地保护责任机制，进一步加强农田建设和土壤培肥改良；加强耕地质量调查评价与监测工作，完善耕地质量等级"定期更新评价、年度监测评价"的工作制度；改进占补平衡管理，以县域自行平衡为主、省域内调剂为辅、国家适度统筹为补充，落实补充耕地任务，确保补充耕地的质量不低于占用耕地的质量。在生态上，维护耕地生态平衡，使耕地的生态环境保持良好的状态，增强农田生态系统的抗逆性和缓冲性，提升系统生态功能和景观功能，并在耕地的生产性、保护性、稳定性和持续性上进行综合监测。

5.什么是耕地质量？

根据《高标准农田建设 通则》（GB/T 30600），耕地质量是指由耕地地力、土壤健康状况、田间基础设施构成的满足农产品持续产出和质量安全的能力。

6.什么是耕地地力？

按照《耕地质量等级》（GB/T 33469）的解释，耕地地力是指在当前管理水平下，由土壤立地条件[①]、自然属性[②]等相关要素构成的耕地生产能力。

耕地地力，一般也称作耕地基础地力。一般用不施肥条件下的作物产量来评价耕地基础地力状况。耕地基础地力好，作物长势就好，产量高；反之，作物长势不好，产量低。衡量耕地基础地力的指标较多，如有机质、土壤氮磷钾及中微量元素含量等。在实际生产中，同一区域内一般也可以通过作物产量高低来衡量耕地基础地力优劣。

7.什么是粮食综合生产能力？

粮食综合生产能力是指一定时期的一定地区，在一定的经济技术条件下，由各生产要素综合投入所形成的，可以稳定地达到一定产量的粮食产出能力。粮食综合生产能力由投入和产出两个方面的因素构成，由耕地、资本、劳动、科学技术等要素的投入能力所决定，由年度的粮食总产量所表现。

8.耕地质量如何提升？

耕地质量的提升是一个漫长的过程，需要在加强农田基础设施建设的条件下，坚持用地养地相结合，久久为功。

当前主要采用工程类和农艺类措施提升耕地质量。工程类措施主要

---

① 立地条件，即与耕地地力直接相关的地形地貌及成土母质特征。
② 土壤自然属性，包括土壤剖面与土体构型、耕作层土壤的理化性状、特殊土壤的理化指标。

指通过高标准农田建设，修建农田水利工程，提高农田灌排能力；合理修筑岸坡防护、沟道治理、坡面防护等设施，提高水土保持和防洪能力；改良土壤，加厚耕作层等。农艺类措施主要指通过开展秸秆还田、增施有机肥、种植绿肥和深松整地等，增加土壤有机质，改善耕层结构，持续稳步提升耕地质量。

9.耕地质量提升与粮食综合生产能力提高有何关系？

耕地质量提升是提高粮食综合生产能力的重要途径。《2019年全国耕地质量等级情况公报》显示，2019年全国耕地质量平均等级为4.76等，比2014年提升了0.35个等级。根据耕地质量等级与粮食产能相关研究，一般认为，平均提升一个等级，粮食产量提升100公斤左右，按照此方法测算，提升0.35个等级就是每亩提升了35公斤的粮食产能。在农业生产管理中，提高粮食综合生产能力，不仅要抓好耕地质量的提升，还要注重良种、良机、良技的应用。

10.什么是水田、旱地、水浇地？

根据《土地利用现状分类》（GB/T 21010），水田指用于种植水稻、莲藕等水生农作物的耕地，包括实行水生、旱生农作物轮种耕地。

水田
（浙江省宁波市宁海县农业农村局 提供）

旱地指无灌溉设施，主要靠天然降水种植旱生农作物的耕地，包括没有灌溉设施，仅靠引洪淤灌的耕地。水浇地指有水源保证和灌溉设施，在一般年景能正常灌溉，种植旱生农作物（含蔬菜）的耕地，包括种植蔬菜的非工厂化的大棚用地。

11. 什么是永久基本农田？

永久基本农田是指按照一定时期人口和社会经济发展对农产品的需求，依据国土空间规划确定的不得擅自占用或改变用途的耕地。

《中华人民共和国土地管理法》（2019年第三次修正）从法律层面将原"基本农田"正式修改为"永久基本农田"，其中第三十三条指出，国家实行永久基本农田保护制度，下列耕地应当根据土地利用总体规划划为永久基本农田，实行严格保护：一是经国务院农业农村主管部门或者县级以上地方人民政府批准确定的粮、棉、油、糖等重要农产品生产基地内的耕地；二是有良好的水利与水土保持设施的耕地，正在实施改造计划以及可以改造的中、低产田和已建成的高标准农田；三是蔬菜生产基地；四是农业科研、教学试验田；五是国务院规定应当划为永久基本农田的其他耕地。

永久基本农田

（江苏省苏州市农业农村局 提供）

12.永久基本农田和耕地是什么关系？

永久基本农田属于耕地，但不是所有的耕地都是永久基本农田。永久基本农田是最优质、最精华的耕地。

13.为什么国家要对永久基本农田实行特殊保护？

粮食安全是"国之大者"。新时代我国谷物总产量稳居世界首位，十四亿多人的粮食安全得到有效保障，[①] 但人多地少、耕地后备资源不足的基本国情没有改变。全球粮食产业链供应链不确定风险增加，我国粮食供求紧平衡的格局长期不会改变。[②] 我们之所以能够实现社会稳定、人心安定，一个很重要的原因就是我们手中有粮，心中不慌。[③] 粮食安全是战略问题。要牢牢守住十八亿亩耕地红线，确保十四亿中国人粮食等重要农产品有效供给。特别是永久基本农田作为最优质、最精华、生产能力最好的耕地，是保障粮食安全最基础的支撑，更要守好守牢。因此，国家划定并坚守永久基本农田控制线，对永久基本农田实行特殊保护。

---

① 习近平.高举中国特色社会主义伟大旗帜 为全面建设社会主义现代化国家而团结奋斗——在中国共产党第二十次全国代表大会上的报告.中华人民共和国中央人民政府网，2022-10-16. http://www.gov.cn/xinwen/2022-10/25/content_5721685.htm.

② 习近平.论"三农"工作 [M].北京：中央文献出版社，2022：330.

③ 习近平.论"三农"工作 [M].北京：中央文献出版社，2022：331.

第二节 土壤

14. 什么是土壤？

土壤是岩石风化物或松散沉积物之类的成土母质在生物、气候、地形和时间因素综合作用下形成的能够生长植物、具有生态环境调控功能、处于永恒变化中的矿物质和有机质的疏松混合物。简单来说，土壤是地球陆地表面能够生长植物的疏松表层。[①]

土壤是我们日常生活中最常见的物质之一，是人类生产生活中不可或缺的一种自然资源，是地球生物圈的重要组成部分。在各种因素的共同作用下，平均每100~400年形成1厘米土壤。土壤的主要成分包括无机矿物质、由土壤生物分解或合成而产生的具有活性的稳定有机质、活体有机体（如蚯蚓、昆虫、细菌、真菌、藻类、线虫等）、水和空气（如O_2、CO_2、N_2、NO_x和CH_4）。

15. 土壤和耕地有什么关系？

土壤是陆地上能生长植物的疏松表层，是在一定条件下形成的历史自然综合体，而耕地是种植农作物的土地。土壤是耕地基础支撑系统的主体和主要物质载体，其理化和生物性状为耕地提供了基础地力，影响耕地的生产能力。

16. 土壤有哪些功能？

土壤主要有八大功能。

---

① 吕贻忠，李保国.土壤学［M］.北京：中国农业出版社，2006.

（1）土壤具有生产功能。土壤以其特有的理化性状，生产粮食作物和纤维作物。土壤不仅是陆地生物的营养库、水库，还能为植物生长提供机械支撑。

（2）土壤具有环境功能。土壤具有吸附、分散、中和以及降解环境污染物质的缓冲和过滤作用，保护环境、地下水、食物链和生物多样性免遭威胁。土壤的环境保护功能主要表现在通过物理、化学和生物学等作用，使进入土壤的污染物浓度降低、毒性减轻或降解消失。[①]

（3）土壤是生物基因库和种质资源库。土壤中的生物有多细胞的后生动物、单细胞的原生动物以及大量的微生物。

（4）土壤是生物多样性的根基。土壤是很多植物、动物和微生物免遭灭绝的栖息地和遗传库。

（5）土壤是全球碳循环中重要的碳库。土壤可以平衡二氧化碳、减少温室气体排放，有利于缓解全球气候变暖趋势。

（6）土壤具有保存自然文化遗产的功能。土壤中埋藏着对研究历史和人类发展十分重要的古生物化石和考古文物资源。

（7）土壤是景观旅游资源。我国的土壤景观旅游资源包括自然土壤景观、山区人工土壤生态景观、水乡人工土壤生态景观等。

（8）土壤具有支撑功能，是常用的建筑材料。土壤是原材料的来源，可以提供水、黏土、沙、砾石等具有支撑功能的材料。

17. 什么是土壤健康?

土壤健康是指在土地利用和生态系统边界内维持生物生产力、维持环境质量以及促进植物、动物和人类健康生长的一种机能和状态。健康的土壤具有良好的结构、功能和缓冲性能，能够在减少外部投入的同时，提高产量、资源效率和抗逆能力，强化内在效率稳定性和恢复力。土壤健康主要表现在土壤理化性状优越、土壤营养丰富、土壤生物活

---

① 吕贻忠，李保国.土壤学［M］.北京：中国农业出版社，2006.

跃、土壤水分和空气含量适宜和生态系统健康稳定等方面。[①]

（1）土壤理化性状优越。土壤理化性状是指土壤物理性状和土壤化学性质。土壤物理性状主要包括土壤质地和土壤结构等。土壤质地是依据土壤中不同粒径颗粒相对含量的组成来区分粗细度的，土壤结构指土壤颗粒的排列与组合形式。土壤化学性质主要包括土壤吸附性能、表面活性、酸碱性、氧化还原电位和缓冲作用等。健康土壤的理化性状表现主要有：具有一定有效土层厚度和团粒结构的土体，土壤质地疏松、水稳性团聚体含量较高，土壤孔隙性好、保水保肥性好、透气性好，土壤温度适宜、酸碱度适中、缓冲环境变化的能力强、耕性良好，能够为作物根系的生长提供相对稳定的环境。

（2）土壤营养丰富。营养健康的土壤是土壤矿物质种类齐全、比例适宜、含量丰富的土壤。土壤矿物质是岩石经过风化作用形成的不同大小的矿物颗粒（砂粒、土粒和胶粒）。土壤矿物质种类很多，化学组成复杂，它直接影响土壤的物理、化学性质以及生物与生物化学性质，是作物养分的重要来源之一。

（3）土壤生物丰富，代谢活跃。土壤中生活着丰富的生物类群，是一个重要的地下生物资源库，土壤生物尤其是微生物对陆地动植物残体的分解、土壤结构形成、有机物转化、土壤养分转化、酸碱缓冲性、污染物分解、重金属钝化等十分重要，同时对环境起着天然的过滤和净化作用。健康土壤的土壤生物种类丰富、土壤生物代谢活跃、功能强劲、土壤酶活性高、土壤生物量丰富等，能够有效维持土壤生态系统的能量流动、物质循环和信息交换。

（4）土壤水分和空气含量适宜。土壤是一个疏松多孔体，其中布满着大大小小蜂窝状的孔隙。土壤空气对作物种子发芽、根系发育、微生物活动及养分转化都有显著的影响。生产上应采用深耕松土、破除土壤板结层、排水、晒田、冻垡等措施，以改善土壤通气状况，促使土壤水分和空气含量保持在适宜水平。

---

① 农业农村部种植业管理司，农业农村部耕地质量监测保护中心，扬州市耕地质量保护站.《耕地质量等级》标准化实践［M］.北京：中国农业出版社，2018.

（5）土壤环境与生态系统健康。健康的土壤有着健康的发育环境，且其自净能力、抗污染能力强，不存在严重的环境胁迫（如水分胁迫、温度胁迫、酸碱度胁迫、盐度胁迫等），没有水土流失、人类开采破坏、地质灾害等现象。[①]

18. 我国主要土壤类型有哪些？

我国土壤种类丰富、类型繁多。按土壤质地，土壤一般分为三大类：砂质土、黏质土、壤土。按《中国土壤分类系统》进行分类有233个土类，主要土壤发生类型可概括为红壤、棕壤、褐土、黑土、栗钙土、漠土、潮土（包括姜砂黑土）、灌淤土、水稻土、湿土（草甸、沼泽土）、盐碱土、岩性土和高山土等12系列。由于土壤与气候、生物条件相适应，呈现出地带性分布规律。我国纬度地带性土壤由南向北主要包括砖红壤、赤红壤、红壤、黄壤、黄棕壤、黄褐土、棕壤、暗棕壤及棕色针业林土等。

19. 什么是五色土？

中国古代用五色土象征中华大地。五色土指青、红、白、黑、黄五种颜色的土。北京中山公园内的社稷坛五色土，其最上层五丈见方、铺垫着五种颜色的土壤，五种颜色铺设方位与我国的土壤分布基本相符。东部地区以水稻田为主，在排水不良或长期被淹的情况下，土壤中的氧化铁常被还原成浅绿青灰色的氧化亚铁，便成了灰绿青色。南方多为红色土壤，由于高温多雨，使得我国南方土壤中矿物质的风化作用强烈，分解彻底，易溶于水的矿物质几乎全部流失，只剩氧化铁、铝等矿物质残留土壤上层，形成红色土壤。西部地区干旱土、盐碱土呈白色，土壤中含有较高的镁、钠等盐类的盐土和碱土常为白色。北方土壤多为黑色，因气候湿润寒冷，微生物活动较弱，土壤中有机物

---

① 吴克宁，杨淇钧，赵瑞．耕地土壤健康及其评价探讨［J］．土壤学报，2021，58（3）：537-544.

分解慢，腐殖质积累较多，所以土色较黑。中部地区地处黄土高原，土壤中有机物含量较少，土壤呈黄色。

20.黑土的特点与主要改良措施有哪些？

黑土是在温带湿润或半湿润季风气候下形成的一种性状好、肥力高、非常适合植物生长的土壤，是具有深厚黑色腐殖质层的地带性土壤。黑土在开垦前有机质含量高达5%～8%，具有水稳性微团粒结构，疏松多孔，pH 6.5～7.0，养分水平高。我国黑土区主要分布于大兴安岭东麓、小兴安岭西南麓和长白山西麓，即嫩江、哈尔滨、长春一线，是我国主要的商品粮基地，盛产大豆、高粱、玉米、小麦。[①]

黑土　　　　　　　　　　　黑钙土

多年来人为高强度开发利用，黑土层厚度变薄、有机质含量等下降，土壤酸化、沙化、盐渍化加剧，严重影响生态安全和农业可持续

---

① 徐明岗，卢昌艾，杨帆，等.耕地质量提升100题［M］.北京：中国农业出版社，2020.

发展。黑土的主要改良措施是实施"三改一排"，改顺坡种植为机械起垄横向种植、改长坡种植为短坡种植、改自然漫流为筑沟导流，并在低洼易涝区修建条田化排水、节水、排涝设施。因地制宜开展秸秆粉碎还田、秸秆免耕覆盖还田。同时，推广深松和水肥一体化技术，推行粮豆轮作、粮草轮作技术。

21. 红壤的特点与主要改良措施有哪些？

红壤主要分布在热带与亚热带湿润气候地区，赤铁矿含量很高，因其中三价铁的氧化物颜色为红色，故称之为红壤。在低丘的地形条件下，红壤主要为第四纪红色黏土发育而成；在高山和低山的地形下，红壤的成土母质多为千枚岩、花岗岩和砂页岩等。红壤的黏粒含量很高，质地黏重，但由于铁、铝氧化物形成的结构体，致使土壤的渗透性比较好，滞水现象不严重。红壤的风化度高，呈强酸性，pH 5.0～5.5，植物养分贫瘠。红壤主要分布于北纬25～31度的中亚热带低山丘陵区，北起长江，南至南岭，农业生产以稻麦棉为主，是重要的粮、棉、油、茶和蚕丝的生产基地。

| 黄色砖红壤 | 黄红壤 | 红壤土标本照 | 典型砖红壤 |

该区域光、温、水等气候资源丰富，可以一年两熟或三熟，由于受降雨集中、高温高湿等自然条件和多熟集约种植、过度开发、施肥不合理、水土保持措施不到位等人为因素的影响，水土流失、酸化、土壤养分贫瘠失调、生态平衡破坏、土壤肥力和生产力下降等问题日趋加重。红壤的主要改良措施是实施"综合治酸治潜"，通过半旱式栽培、完善田间排灌设施等措施促进土壤脱水增温、农田降渍排毒，施用石灰和土壤调理剂调酸、控酸，增施有机肥、秸秆还田和种植绿肥，开展水田养护耕作、改善土壤理化性状。同时，在山区聚土改土加厚土层，修建水池水窖，种植地埂生物篱，推行等高种植等方式，提高保水保肥能力。

22. 褐土的特点与主要改良措施有哪些？

褐土又称褐色森林土，主要是在暖温带半湿润气候下，由碳酸钙的弱度淋溶和淀积作用以及黏化作用下发育的地带性土壤。褐土呈棕褐色，由黄土及其他含碳酸盐的母质形成，有弱黏化层和钙积层，腐殖质层有机质含量1%～3%，质地多为壤土，透水性好，呈弱碱性，pH 7.0～8.4。褐土主要分布于燕山南麓、太行山、泰山、沂山等山地的低山与山前丘陵，晋东南和陕西关中盆地以及秦岭北麓，水平带位处棕壤之西，垂直带则位于棕壤之下，常呈复域分布。褐土的天然植被是干旱森林，乔木以栎树为代表，灌木以酸枣、荆条为代表，草本以白草、蒿为代表，人工林则以油松、洋槐为主。许多低山丘陵区的褐土已经开垦为农田，种植玉米、大豆等，但由于灌溉困难，产量不高。低山丘陵区的褐土适宜种植耐旱的干果类（如板栗、核桃）以及杏、柿子等。山前平原区的褐土适宜发展大田作物，以冬小麦—夏玉米为主。

褐土

褐土的主要改良措施是做好水土保持和综合开发，以流域为单位进行全面规划，承包治理，坡度大于25度的一律退耕还林、还牧；正确处理好治坡与治沟的关系，应当坡面与沟谷同时自上而下地治理；正确处理工程措施与生物措施的关系。实行雨养农业，不完全依靠灌溉，重点做好保墒耕作、面覆盖及节水灌溉等措施。

23.棕壤的特点与主要改良措施有哪些？

棕壤又名棕色森林土，主要在暖温带湿润气候下，淋溶、黏化作用下发育的具有黏化层的地带性土壤。棕壤腐殖质累积、黏化及碳酸盐淋溶等成土过程明显，腐殖质层有机质含量1.5%～3%，母岩为各类岩石的风化物和残坡积物（石灰岩除外），土体以暗棕灰色为主，质地多为壤土，透水性好，呈微酸性至中性反应。棕壤主要分布在山东和辽东半岛的低山、丘陵和山前台地，在半湿润半干旱地区的山地，如燕山、太行山、嵩山、秦岭、伏牛山、吕梁山和中条山的垂直带谱的褐土或淋溶

暗棕壤　　　　　潮棕壤　　　　　黄棕壤

好的生态条件，生物资源丰富，土壤肥力较高，已成为我国发展农业、土之上，以及南部黄棕壤地区的山地上部也有棕壤分布。棕壤区具有良林业、水果、药材的重要生产基地。

棕壤的主要改良措施有加强水土保持技术，防治水土流失；因地制宜综合治理与改造中低产土壤技术；陡坡地退耕还林还草技术。

24.黄土的特点与主要改良措施有哪些？

黄土也称为黄绵土，是第四纪风成黄土，在沉积过程中，由西北向东南，风力渐减，沉积颗粒逐渐变细。黄土层深厚疏松，具有良好的通透性和保水保肥性，抗冲性弱，易遭受水蚀和风蚀，富含碳酸钙，透水性较强，柱状结构发达。黄土主要分布在整个黄土高原，包括陕西、甘肃、宁夏等省份，"七沟八梁一面坡，层层梯田平展展"是黄土区的生动写照。

黄土质地松散，粉沙含量高，抗冲抗蚀性能弱，水土保持是土壤合理利用的重中之重。黄土的主要改良措施是要合理调整农、林、牧业生产结构，发展生态农业，最大限度增加地面覆盖，改善环境和生产条件，防治土壤退化；推行旱作农业技术，蓄水

灰漠土

保墒，地膜覆盖，合理耕作。

25.灰漠土的特点与主要改良措施有哪些？

灰漠土是漠境边缘地区细土平原上发育的土壤，灰漠土区的气候特征是：夏季炎热干旱，冬季寒冷有雪，年均气温低，年蒸发量为降水量十倍左右。灰漠土具有孔状结构、鳞片状亚表层及紧实层的特征，棕褐色紧实层中铁、铝氧化物含量与黏粒含量均比表层高，且出现的部位比其他漠土深，剖面下部积累少量盐分和石膏。灰漠土主要分布于温带漠境边缘向干旱草原过渡地区，位于内蒙古河套平原、宁夏银川平原的西北角，新疆准噶尔盆地沙漠两侧的山前倾斜平原，甘肃河西走廊中西段，祁连山的山前平原。灰漠土区天然植被为旱生和超旱生灌木和半灌木，如假木贼、蒿、猪毛菜等，部分地区如柴达木盆地以种植春小麦、青稞、蔬菜等作物为主。

灰漠土的主要改良措施是以保护生态环境为主，保护水源，防止破坏，逐步提高植被覆盖率。

26.水稻土的特点与利用技术有哪些？

水稻土是指因长期种植水稻而形成的一种具有氧化还原反应特点的人为土壤，是通过人为的耕作、施肥、灌溉排水等，改变了原来土壤在自然状态下的物质循环与迁移积累，促使土壤性状发生明显改变，形成的一种新的土壤类型。水稻土具有水耕熟化层、犁底层和水耕淀积层，广泛分布于我国温带地区到亚热带地区，约占全国耕地面积的20%，主要分布于秦岭—淮河一线以南的平原、丘陵和山区之中，尤以长江中下游平原、四川盆地和珠江三角洲最为集中。

水稻土利用技术主要集中在两个方面：一是培育高产的水稻土，通过合理施肥保持土壤养分平衡，建立高质量的灌排系统，开展集约化耕作技术管理；二是低产田土壤改良技术，包括改善生产条件、提高土壤肥力等技术。

渗育水稻土

现场观测：安徽省宣城市宣州区杨柳镇瓦屋村，海拔27 m，丘陵-低丘中部，母质为石灰岩区的洪积—冲积物，水田，麦-油-稻轮作或单季稻。

Ap1：0~18 cm，灰黄橙色，pH6.6，OM 31.2g/kg，壤土，小块状，疏松，中量铁锰斑纹。

Ap2：18~30 cm，灰黄橙色，pH6.7，OM 23.9g/kg，壤土，块状，稍坚实，中量铁锰斑纹。

Br1：30~42 cm，浊黄橙色，pH6.7，OM 11.5g/kg，壤土，棱块状，稍坚实，多铁锰斑纹，多软铁锰结核。

Br2：42~62 cm，浊黄橙色，pH6.8，OM 4.6g/kg，壤土，棱块状，稍坚实，多铁锰斑纹，大量软铁锰结核。

Br3：60~120 cm，浊黄橙色，pH7.0，OM 4.1g/kg，壤土，棱块状，稍坚实，大量铁锰斑纹，大量软铁锰结核。

成土过程：人为滞水、耕作熟化和氧化还原过程，具有犁底层，土体上部有渗育特征，颜色较浅，土体中下部氧化还原作用明显，可见铁锰斑纹。

生产性能：土体深厚，耕性良好，具备灌溉条件，是优良稻麦产地，种稻历史悠久，目前一般为水旱轮作。

诊断层、特性：水耕表层、水耕氧化还原层、渗育特征、人为滞水、热性、黏壤质、硅酸混合型。

诊断分类：普通铁渗水耕人为土

采集制作：中国科学院南京土壤研究所，赵玉国、李德成等。

潴育水稻土

现场观测：安徽省宣城市宣州区狸桥镇金山村东南，河流二级阶地，洪积-冲积物母质，水田，麦-稻轮作。

Ap1：0~20 cm，灰黄棕色，pH6.6，OM 33.2g/kg，壤土，小块状，稍疏实，少量铁锰斑纹。

Ap2：20~25 cm，灰黄棕色，pH7.1，OM 21.1g/kg，黏壤土，小块状，坚实，少量铁锰斑纹。

Br1：25~55 cm，亮黄棕色，pH8.0，OM 17.1g/kg，砂质黏壤土，棱块状，坚实，中量铁锰斑纹，少量铁锰结核。

Br2：55~73cm，亮黄棕色，pH7.9，OM 4.2g/kg，砂质黏壤土，棱块状，坚实，多量铁锰斑纹，少量铁锰结核。

Br3：73~120cm，亮黄棕色，pH7.8，OM 1.4g/kg，砂质黏壤土，块状，坚实，多量铁锰斑纹，中量铁锰结核。

成土过程：人为滞水、耕作熟化和氧化还原过程，具有犁底层，由于种稻淹水和地下水双重影响下的氧化还原过程，通体具明显的铁锰斑纹。

生产性能：土体深厚，耕性良好，具备灌溉条件，是优良稻米产地，种稻历史悠久，目前一般为水旱轮作，宜加强秸秆还田、平衡施肥。

诊断层、特性：水耕表层、水耕氧化还原层、氧化还原特征、人为滞水、热性、砂质、硅酸混合型。

诊断分类：普通简育水耕人为土

采集制作：中国科学院南京土壤研究所，赵玉国、李德成等。

渗育水稻土   潴育水稻土

27. 泥炭土的特点有哪些？

泥炭土主要是由于常年积水或季节性积水，土壤中水分长期处于饱和状态，生长茂密植被或水生植被，大量未经充分分解的植物残体积累于地表而形成厚度超过50厘米的潜育性土壤。泥炭土主要分布在四川若尔盖、甘孜、凉山，黑龙江东北部及三江平原，吉林小兴安岭及松嫩平原。泥炭土是重要的有机物质资源，除农用外，还可用于化工、轻工、入药等。泥炭土富含氮素，有较高吸收交换性能和巨大的持水、吸水能力，可作为土壤改良材料、肥料原料、种植基质等。泥炭土一般是湿地，是芦苇、香蒲等水生植物的生长地。

高位泥炭土

28. 什么是生土？与熟土有什么区别？

生土是指未经耕种熟化的土壤。其土质通常较坚实，土壤氧化还原电位低，微生物数量、土壤酶活性及养分含量较低，土壤团粒结构发育差，常表征为片状、鳞状、柱状、块状等结构，不适于作物正常生长。熟土是通过生物循环的蓄集作用以及人为的施肥等生产活动，适宜耕种的土壤。对于野外的自然土壤，疏松表层可视为熟土，下层土壤紧实，根系难以扎入的土层即是生土。

29. 什么是土壤肥力？

土壤肥力是土壤提供植物养分和生产物质的能力，是土壤作为自然资源和农业生产资料的物质基础，也是反映土壤肥沃性的重要指标之一。土壤水分、养分、空气和温度是影响土壤肥力的四大因素。[①]

---

① 全国农业技术推广服务中心. 耕地地力评价 [M]. 北京：中国农业科学技术出版社，2009.

土壤肥力按照外界环境条件作用分为自然肥力和人为肥力。自然肥力是指在自然成土因素综合作用下发展起来的自然土壤的肥力，人为肥力是指在土壤自然肥力的基础上，经过长期耕作、施肥、灌溉和其他农业措施、土壤改良措施等培育形成的肥力。耕作栽培作物愈久、采用的农业技术措施愈完善，人为肥力所占比重就越大。

30. 什么是有效肥力和潜在肥力？

有效肥力是指栽培作物时，被当季作物吸收利用的那部分肥力。潜在肥力是指在土壤中存在，不能立即被当季作物利用的那些肥力。潜在肥力在一定条件下可转化为有效肥力。在农业生产上，能为植物或农作物即时利用的自然肥力和人工肥力是"有效肥力"，不能即时利用的是"潜在肥力"。

31. 如何提升土壤肥力？

提升土壤肥力的一般措施有以下几种。

（1）合理施用化肥。根据土壤肥力和作物品种在当地自然条件下的产量水平，科学施用配方肥，推广平衡施肥技术，确保各种营养元素的均衡供应，满足作物的需求，提高肥料利用率。

（2）施用有机肥。相对于化肥，有机肥可改善土壤理化性状、提高土壤酶活性、增加土壤有机质含量、提高作物抗虫害能力等多重效果，施用有机肥在肥力较弱的农田土壤具有提高生产能力的作用。

（3）秸秆还田。秸秆是一种极为丰富并能直接利用的可再生有机资源，秸秆还田是增加土壤生产能力的有效措施。无论是秸秆经过堆沤后施入土壤，还是在作物收获后把秸秆切碎撒在地表后用犁翻压直接还田，都能有效改善土壤物理性状，促进土壤团粒结构形成，增加透气、透水、保肥能力，从而提高土壤肥力。

（4）合理轮作。在轮作过程中四年左右种一茬豆科作物，可增加土壤中氮素含量，同时豆科绿肥作物经翻压入土后，大量的根、茎、叶能够增加土壤有机质，改善土壤理化性状，提高土壤肥力。种植耗地力作物要控制年限，如甜菜要七年轮一次，葵花要四年轮一次，豆类和瓜类作物不重茬、不迎茬，要五年以上轮作，这样既有利于恢复地力，又有利于防治病害。

（5）种植绿肥。大力提倡种植豆科牧草来培肥地力，增加经济产量。目前可种植的牧草有草木樨、紫花苜蓿等，以此来改善土壤，培肥地力，提高土壤生产能力。

（6）合理调整农、林、牧用地比例。合理的林业发展恢复是平衡生态，改善气候条件，变恶性循环为良性循环的有力措施。合理的畜牧发展可以为土壤提供大量有机质，是培肥地力、提高农作物产量的直接措施。

32.什么是土壤有机质？

土壤有机质是由腐殖质、氨基酸、糖类等物质组成，其中腐殖质占土壤有机质的60%～90%。

土壤有机质是土壤重要成分之一，对改善土壤理化性状、保证植物正常生长发挥着重要作用，被称为"土壤养分储藏库"。土壤有机质中腐殖质的黄腐酸、氨基酸、糖类活性较高，而黑腐酸活性较低，这是有机质较高的耕地增施有机肥提高农作物产量和品质的关键所在。

33.什么是土壤结构体？

土壤结构体是指各级土粒由于不同原因按照不同的排列方式互相团聚成大小、性状、性质不同的土团、土块、土片等土壤实体。

不同的排列方式形成的土壤结构体不同，不同的土壤结构体影响土壤空隙状况，也影响土壤的肥力和耕性。目前，常见的土壤结构体有片状结构体、块状结构体、柱状结构体、团粒结构体。[①]

34.什么是土壤酸碱性？

土壤酸碱性（pH）是因土壤中存在着各种化学和生物化学反应而

---

① 吕贻忠，李保国.土壤学［M］.北京：中国农业出版社，2006.

表现出不同的酸性或碱性，常以酸碱度来衡量。

土壤之所以有酸碱性，是因为在土壤中存在少量的氢离子和氢氧根离子。当氢离子的浓度大于氢氧根离子的浓度时，土壤呈酸性；反之呈碱性；两者相等时则为中性。土壤酸碱性是影响作物生长发育的重要因素之一，过高或过低都会影响养分吸收，造成肥料浪费。作物在pH为6.5左右时，各种营养元素的吸收利用率最高，对作物的生长发育最为有利；如果过酸，易引起土壤板结以及造成微量元素中毒，还会破坏土壤微生物的生存环境，造成有益菌减少，加速养分流失，使土壤失去耕种价值；如果过碱，不利于土壤的良性发育，破坏土壤结构，抑制土壤微生物的活动，进而影响氮素及其他养分的转化和供应，产生各种有毒害的物质，直接影响作物的发芽和正常生长。

35. 耕作层和耕层一样吗？

耕作层简称耕层。指在自然土壤的基础上，经过人类长期的耕作、施肥、灌溉等生产活动及自然因素的持续作用形成的肥沃、疏松的表层土壤，一般厚度20厘米左右，位于犁底层（压实层）之上。该层颜色较暗、有机质含量高，以团粒结构为主，土壤疏松，水肥气热调节能力较强，根系分布密集。深厚疏松的耕层有利于保水保肥、作物根系的生长发育，它是耕作土壤区别于自然土壤最重要的特征。耕作层的厚薄和肥力性状优劣，反映了人类生产活动熟化土壤的程度，可作为土壤肥力性状的一项重要指标。

36. 犁底层是如何产生的？

犁底层是由于长期耕作的土壤受到耕畜、农耕的机械压力以及自然降水、人工灌溉使黏粒沉积而形成的层次，位于耕作层之下，一般离地表12~18厘米，厚5~8厘米，最厚可达到20厘米。

犁底层作物根系分布一般占总量的10%~15%。典型的犁底层很紧实，孔隙度小，非毛管孔隙少、毛管孔隙多，通气性差，透水性不良，结构常呈片状，甚至有明显可见的水平层理，这是由于常受耕畜和犁的压力导致的。

37. 犁底层对农业生产有何影响？

犁底层对农业生产的影响依赖于其厚度大小。

对耕作土壤来说，具有适当厚度的犁底层对保持养分和水分十分有益。但是犁底层过厚（20厘米以上）、坚实，对作物的生长是非常不利的。不利影响主要体现在以下三个方面。一是当土壤出现犁底层后，水分难以通过紧实的犁底层，尤其在降雨时，易形成地表径流，导致水土流失。二是犁底层会阻碍大多数作物根系向下生长，导致根系分布在浅层土壤，易产生倒伏，难以吸收底土层的水分和养分，影响生长。三是犁底层会影响土壤微生物的活动，降低土壤微生物活性。

38. 耕作层为什么越来越浅？

土壤耕作层变浅主要是由于不合理的农事操作、农业集约化程度增加、长期大量施用化肥等因素造成。

（1）长期使用旋耕机翻整地。旋耕机翻整地的深度一般在15~18厘米，而大部分蔬菜农作物根系多集中于15~25厘米的耕作层内，连续使用旋耕机翻整地，使得施入的养分多集中在15~18厘米，作物从地表18厘米之下吸收的养分得不到补充，久而久之，其理化性状改变，团粒结构被破坏而造成耕作层变浅。另一方面，由于旋耕机齿自身的作用，连年使用会使18厘米以下的土层变硬，造成了土壤耕作层的变浅，犁底层上移。

（2）表土剥离不到位。在土地平整过程中，未进行表土剥离或者表土剥离不够，会造成耕作层变薄。

（3）不注重有机质的补充。土壤有机质虽只占土壤固体部分的1%~10%，但却是储存土壤养分的仓库，有机质含量多的高肥力土壤，是被人们称为"海绵田"的肥沃土壤。有机质可以改善土壤结构，使土壤肥力高、透气性好、不僵不板、柔和疏松，既利于耕作，又便于作物扎根生长；有机质也能增强土壤的保肥保水能力，可以把可溶性的养分离子吸住，储存起来避免养分流失。

（4）长期过量使用化肥。过量使用化肥加重了土壤耕作层内的盐离子浓度，破坏了土壤的团粒结构。"红霜"和"盐霜"是长期过量使用化肥后土壤的反应。

39. 耕作层保护、剥离及利用有什么要求？

耕作层土壤是耕地地力的载体，是耕地的精华部分，是农业生产的物质基础、粮食安全的根本保障，是不可再生的宝贵资源。因此，要加强对耕作层的保护与利用。

耕作层保护简单地说，就是"移土培肥"，即对优质的耕作层土壤进行剥离，然后将沃土"搬家"，运送到异地"安家"，通过补充耕地项目让被建设占用的耕地在异地"重生"，原有耕地土壤较为贫瘠的，也可通过耕作层再利用改良土壤提升耕地质量。

耕作层土壤剥离与再利用主要由表土层剥离、土壤运输、土壤覆盖三个环节组成。剥离的耕作层土壤原则上应为被占用耕地的优质耕作层土壤，进行土壤覆盖的土地开发整理项目可涉及建设用地复垦项目（包括废弃矿山复垦和宅基地复垦等）、土地开发项目、灾毁复垦项目。表土层剥离要将清理出来的土壤保存好用于后续复垦；剥离时间需要科学选择，土壤不能太干或者太湿；一般情况，表土应该沿等高线存放，减少水土流失，表土应尽快复原会重建的区域；表土存放应按照科学的流程保存，保证某些土壤生物继续存活；如果表土不易复垦耕种，需要用客土或者改良后的土壤代替，达到复垦耕种条件。

40. 如何培育良好的耕作层？

耕作层是经过长期自然演化和耕作培肥形成的适合农作物生产的优质土壤，养分含量丰富。

培育良好的耕作层的主要措施有以下三种。

（1）施用有机肥料。有机肥不但养分丰富，对改善土壤耕性有良好的作用，土壤中有机质含量越高，土壤肥力越足。

（2）精耕细作。耕翻一般可使每立方厘米的土壤容重降低0.11～0.21克，持水量增加2.5%～7.5%，孔隙率增加3.5%～7.5%，其中以黏重土壤的改变较大。在冬季，冻垡和晒垡能使大土块变小，土壤变疏松，还可促进养分的矿化。镇压、耙耱等措施还可调节土壤松紧度和保蓄土壤水分，为农作物出苗创造良好的环境。

（3）合理的轮作，用养结合。由于农作物的生物学特性以及耕作管理措施的不同，作物对土壤养分条件和环境条件的需求不同。在生产实践中，应利用农作物与土壤肥力之间的相互关系，充分用地、积极养地、用养结合，因地制宜地采用各种间作、套作、轮作来合理搭配各种农作物，促进良好的耕层构建。

第二章　退化耕地治理

第一节　退化耕地类型

41. 什么是耕地退化？具体有哪些表现形式？

耕地退化是指耕地生产力的衰减或丧失，主要表现形式有土壤侵蚀、土地沙化、土壤次生盐渍化和次生潜育化、土壤污染等。

耕地退化是自然原因和人为原因共同作用的结果，前者是耕地退化的潜化因子，后者是耕地退化的诱发因子。耕地退化的影响范围，涉及耕地、林土、牧地等所有具有一定生产能力的土地。防治耕地退化是自然资源保护的重要内容之一，主要措施包括制止乱垦、滥伐和过牧，合理开发利用土地、合理施肥和灌溉，综合治理退化土地等。

42. 耕地土壤为什么会养分失衡？

耕地土壤养分失衡是由于化肥使用不合理、有机肥施入不足、肥料施用不科学引起，会造成土壤有机质含量下降，碱解氮、有效磷含量上升，速效钾含量下降，中微量元素缺乏，土壤呈酸化趋势，土壤容重普遍增加。

43. 土壤酸化是如何形成的？

土壤酸化是土壤中性和碱性盐基离子淋失，吸收性复合体接受了一定数量交换性氢离子或铝离子，导致土壤pH降低、酸性增加，土壤变为强酸性、极强酸性的现象。

土壤酸化是自然因素和人为因素共同作用的结果。在多雨的自然条件下，降水量大大超过蒸发量，使得土壤中的淋溶作用非常强烈，土壤溶液中的盐基离子随渗滤水向下移动，导致土壤中易溶盐减少，土壤溶液中的氢离子取代土壤阳离子交换位上的盐基离子，致使土壤的盐基饱和度下降，氢饱和度增加。由于氢质黏土的不稳定性，当土壤有机矿质复合体或铝硅酸盐黏粒矿物表面吸附的氢离子达到一定限度后，这些粒子的晶格结构就会遭到破坏，转变成交换性铝离子。土壤中交换性铝的水解使土壤表现出酸度特征，而依据水解程度的不同，一个铝离子水解可以产生1~3个氢离子，导致土壤中氢离子含量增加，土壤酸化。

44. 土壤次生盐渍化形成原因是什么？

土壤次生盐渍化是指在干旱、半干旱地区由于水文地质条件的不同而存在的非盐渍化土壤，是因人为的不合理灌溉，促使地下水中的盐分沿土壤毛管孔隙上升并在地表积累引起的。

土壤次生盐渍化形成的主要原因有以下几种。

（1）人为的不合理灌溉。常年的大水漫灌下渗后，使地下水位上升，导致土壤次生盐渍化。如同时用污水灌溉，在同等的条件下，也会加快土壤次生盐渍化。

（2）常年过量使用农药、化肥。农药、化肥的过量施用会在一定程度上加重土壤次生盐渍化，有效养分补充不足。如过量施用氮肥，氮肥会在土壤中转化成硝酸盐，当硝酸盐流失时就会把土壤中大量的钙、镁等离子带走，导致土壤碱性离子淋失严重，土壤pH降低，逐渐导致土壤次生盐渍化。

（3）种植作物的产品单一，土壤养分失调。作物在生长发育过程中，会从土壤中吸收和消耗掉大量的养分，如不及时补充养分元素，会影响土壤生物的活性，改变土壤结构，致使土壤贫瘠化，从而影响作物的健康生长，导致土壤次生盐渍化。

45. 耕地石漠化形成原因是什么？

石漠化亦称石质荒漠化。石漠化耕地的形成原因是石漠化地区的土层浅薄、坡度大、降雨多，林草植被一旦被破坏，土壤就会流失殆尽。

耕地石漠化主要受自然因素和人为因素共同影响。自然因素主要是石漠化耕地中酸不溶物的含量极低，成土速率极慢，导致土被零星、土层浅薄、土壤保水保肥性能极差，加之石漠化地区雨水丰沛集中，土壤容易被侵蚀和溶蚀。人为因素主要包含过度开垦、耕作制度不合理、施肥不科学等方面。一是石漠化地区耕地资源少，过度开垦整地，加剧水土流失。二是农作物种植结构单一，多以玉米为主，消耗土壤肥力，耕地承载力降低。三是耕地基础地力差，为提高产量而大量使用化肥，导致土壤养分失衡，耕性变差，耕作层变浅。[①]

46.耕地沙化形成原因是什么？

耕地沙化是指受风沙侵袭或水土流失等因素影响使得耕地中含沙量增加而导致土壤退化的现象。

耕地沙化形成的主要原因有以下5种。

（1）气候干旱。我国沙化耕地集中分布的西北地区，是降水量最少、蒸发量最大、最为干旱的地带，气候变暖、降水减少加剧了该区气候和土壤的干旱化，使得该区的植被覆盖度降低，土壤结构更加松散，加速了耕地的沙化。

（2）大量开荒。西部地区曾经有大量草地和林地被开垦为耕地。由于该区属干旱、半干旱地区，草地和林地被开垦为耕地后，在农闲季节土壤失去了植被的保护，使耕地沙化更加严重。

（3）过度放牧。西北地区超载放牧造成了对草地地表的过度践踏，土壤结构破坏严重，经风吹蚀出现大量风蚀缺口。

（4）滥挖滥伐。在生态环境相对脆弱的西北地区，大规模滥挖发菜、干草和麻黄等野生中药材，使得草场遭到严重破坏，逐步沙化。

（5）水资源利用不合理。西部地区农业、林业用地面积持续增加，农业灌溉面积比重大，导致水资源需求量增长，水资源短缺矛盾加剧。加之该地区对地下水的持续超采利用，导致西部地区地下水位不断下

---

① 郑铭铃.石漠化治理的对策与造林技术措施［J］.现代园艺，2021，44（10）：136-137.

降，引起地表植被衰亡，土地沙化加快。

47.土壤板结是指什么？

土壤板结是指土壤耕作层中土壤有机质含量下降、结构变差，在灌水或降雨等外因作用下造成结构破坏、土壤颗粒分散、干燥后土面变硬的现象。

土壤板结致使耕地的耕作性能变差，有效养分含量降低，影响作物正常生长发育，导致产量下降，经济效益降低。再加上不科学的耕作方式和不合理施肥，土壤板结已成为影响我国农业发展的最为严重的问题之一，是土壤物理性状退化的主要表现形式之一。

48.土壤潜育化是指什么？

土壤潜育化过程也叫灰黏化作用或青泥化过程，是指土壤处于饱和、过饱和地下水的长期浸润，土体封闭于静水状态，土体中某些层段氧化还原电位下降，土壤矿质中的铁、锰还原为低价状态，使土体呈青色或青黑色的过程。

水稻土潜育化是土壤潜育化在我国的突出表现形式。水稻土因长期渍水，导致土壤缺氧、活性还原物质过度积累，虽然潜育化水稻土有机质及全量养分贮量丰富，但土壤有效养分偏少、水温土温低、生物活性较差，加之还原性有害物质的积累，对水稻生长极为不利。潜育化稻田的水稻产量仅为非潜育化稻田的56%。

第二节 退化耕地治理措施

49.土壤酸碱度的调节方法主要有哪些？

我国把土壤酸碱度分为五级：强酸性土（pH小于5）、酸性土（pH 5.0～6.5）、中性土（pH 6.5～7.5）、碱性土（pH 7.5～8.5）、强碱性土（pH大于8.5）。我国大部分地块土壤为酸性土和中性土，少数强酸性土，极少碱性土。栽培农作物时，首先要弄清所栽培的作物生长发育的酸碱度适宜范围，如果土壤酸碱度不在其适宜生长范围内，就需进行土壤调节。

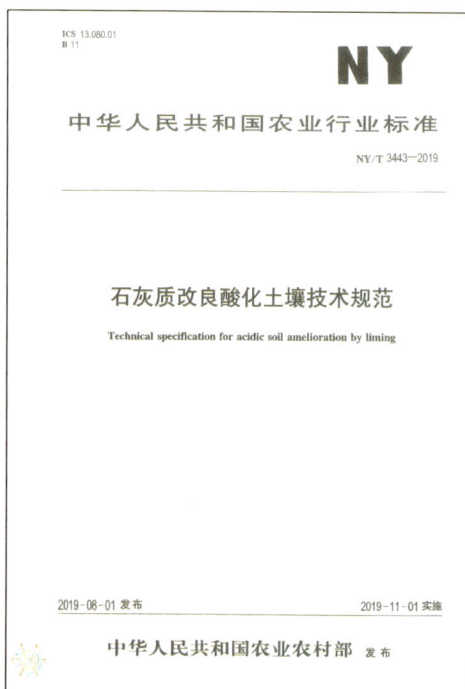

ICS 13.080.01
B 11

NY

中华人民共和国农业行业标准

NY/T 3443—2019

石灰质改良酸化土壤技术规范

Technical specification for acidic soil amelioration by liming

2019-08-01 发布　　　　2019-11-01 实施

中华人民共和国农业农村部 发布

《石灰质改良酸化土壤技术规范》（NY/T 3443—2019）

土壤酸碱度的调节方法主要有两大类。

（1）当土壤酸性过强时，一方面可每年每亩施入20～25千克的石灰，同步施足农家肥，切忌只施石灰不施农家肥，这样土壤反而会变黄变瘦。可在播种前1～3个月施用，以免对作物萌发及生长造成影响。另一方面可施入40～50千克草木灰，中和土壤酸性，更好的调节土壤的水肥状况。

（2）当土壤碱性过强时，可施用石膏、磷石膏、氯化钙等一类物质，用其中的钙离子交换出胶体中的钠离子。可施用硫酸铝（施用时需同时补充磷肥）、硫酸亚铁、硫黄粉、腐殖酸肥等，具体施用量根据土壤酸碱度来确定。可常浇一些硫酸亚铁或硫酸铝的稀释水，增加土壤酸性。因腐殖酸肥含有较多的腐殖酸，可适当施入调节土壤酸碱度。

50.酸化耕地的主要防治措施有哪些？

耕地酸化会导致土壤容重增加、土壤板结、土壤孔隙减少、土体透气性变差，不利于土壤中水肥气热的调节，降低了农作物的产量和品质，必须采取有效措施进行改良。

安徽广德酸化耕地治理

酸化耕地的主要防治措施有以下几种。

（1）科学施用化肥。根据土壤元素背景值和作物生长需氮的规律，实施测土配方施肥技术，优化铵态氮和酰胺态氮的施肥用量，减少土壤氮素累积。另外，氮肥在施用过程中应适当深施，以缓解地表土壤的酸化程度。应按照作物的生长规律掌握好施肥时间，使肥料尽可能被作物吸收，减轻肥料在土壤中的残留量，降低土壤酸化风险。

（2）施用有机肥料。有机肥料能使土壤中的微生物大量繁殖，促进微生物的生命活动，从而使农作物可以直接利用微生物的代谢产物，缓解土壤的酸化程度。同时可结合秸秆还田措施，改善土壤本身的结构，保留秸秆中的碱性物质，中和土壤中的酸性物质，缓解土壤酸化。

（3）增施碱性肥料。增施钙肥、镁肥、磷肥和磷矿石粉等，中和土壤酸性。此外，石灰作为一种碱性物质，施入土壤后，能快速提高土壤的pH，缓解酸化程度。但需注意，长期或大量施用石灰也会引起土壤板结，因此，施用石灰改良土壤时还应配合施用有机肥和其他碱性肥料（如草木灰等）。

（4）优化种植模式。因地制宜开展轮作和间作套种等栽培模式。合理运用喷灌、滴灌等节水技术进行科学灌溉，减少大水漫灌对作物和土壤产生危害。在园地种植绿肥作物，提高土壤有机质含量。土地种养结合，减缓土壤酸化速度。

51. 盐碱化耕地的主要防治措施有哪些？

盐碱化耕地的主要防治措施有以下几种。

盐碱耕地吃盐植物种植管理

（中科院新疆生态与地理研究所 提供）

（1）物理措施。通过客土、台田、暗管、压沙、覆膜、覆盖秸秆等方式降低表土层盐分浓度。

（2）化学措施。置换钠离子脱盐或增加阳离子交换量，如添加有机肥、有机酸、无机酸、脱硫石膏、硫酸铝、生物炭、糠醛渣、有机类高聚物等。

（3）植物措施。通过种植耐盐作物富集盐分、改善结构。如棉花、水稻、甜菜、牧草等。

（4）微生物措施。选育耐盐微生物，施用功能微生物菌肥和菌剂，活化养分助力脱盐。

（5）工程措施。用淡水将土壤中的盐碱离子快速高效地淋洗脱除掉，因此，需要适宜的淡水资源、完备的灌排条件、高效节水的脱盐技术来完成。

盐碱耕地机械抛撒土壤改良剂

（中科院东北地理与农业生态研究所 提供）

52.石漠化耕地的主要防治措施有哪些？

石漠化耕地防治应遵循水土保持的原则，因地制宜，坚持以水土流失综合治理为核心，以提高水土资源的永续利用率为目的，与退耕还林、防护林种植、水土保持、人畜饮水、土壤改良等工程有机地结合起来加以综合防治。

石漠化耕地的主要防治措施有以下几种。

(1) 坡耕地改造（坡改梯）。通过对坡耕地进行降坡、清除裸露岩石、平整土地，修筑阶梯状耕地，提高土地生产力。坡耕地改造（坡改梯）建设内容包括清除地面石块或其他杂物、深翻整地、修筑地埂、平田面、整修地埂边坡、开挖埂坎内侧灌溉排水沟渠，然后在深翻整地的基础上平整土地。采用人工作业施工，平整之后把表层土均匀的覆盖在地块地面上。清除坡耕地中的裸露岩石，平整土地，在梯土外侧用石块砌挡土墙，挡土墙高度通常略高于耕地水平面；在耕地的外侧种植灌木或者草本，营造生物绿篱。根据坡地梯田面积和水源情况，合理布设池、塘、堰等蓄水和渠系工程，充分利用降水，解决灌溉与拦蓄泥沙等问题。

(2) 修筑小型水利工程。石漠化耕地内多数水渠为土质沟渠，防渗漏性能较差，亟须开展引排灌渠工程建设。渠道设计洪水标准按10年一遇最大6小时暴雨设计，采用主要行业取（用）水定额确定灌溉引水流量。引水渠施工应严格按照现行水利水电工程施工及验收规范的要求进行。

(3) 土壤改良（沃土）工程。对土层瘠薄、生产力低下的耕地实施土壤改良，增加土层厚度和土壤肥力，提高土地生产力，实现增产增收的目的。通过化学改良、穴土置换、生物改良、施用有机肥和土壤调理剂改良等方式，改善土壤板结，促进土壤生态系统修复，从而改善土壤通透性和保水、保肥功能。

53. 土壤板结的主要防治措施有哪些？

土壤板结的主要防治措施有以下几种。

(1) 科学合理的耕作，深松耕与旋耕相结合。科学适度的深耕，耕翻适宜的深度应为35厘米左右，有利于保护土壤耕作层的土体结构不被破坏，为作物根系充分生长提供深厚的土层，加深耕作层土壤厚度，降低犁底层深度。

（2）增加有机物料的投入，以改善黏滞土壤的质地。增施优质有机肥以改善土壤的理化性状，积极倡导和推广秸秆还田，不断扩大秸秆还田技术的应用面积。秸秆粉碎还田可显著提高土壤有机质含量，增加土壤孔隙度，协调土壤中的水肥气热的状况，为土壤微生物活动创造良好的生态环境，促进土壤中有机质的分解、转化，改善土壤理化性状。

（3）正确使用土壤改良调理剂。正确合理的使用土壤改良调理剂是防止和改良土壤板结的有效手段之一。当前市售的土壤改良调理剂有松土促根型产品，效果显著。有含硅、钙、铁等二价阳离子调理剂，能与土壤中的有机无机胶体快速形成土壤团粒结构，解决土壤板结问题，促进作物根系生长，同时调节土壤的固相、液相、气相比例。

（4）科学采用农作物施肥技术。可根据当地土壤化验数据，采用有机肥与无机肥相结合、增施优质有机肥、减少纯化学肥料的施用量的方式，合理施用有机活化营养套餐肥料，改善土壤结构，提高土壤肥力，增加土壤的透水透气性，避免土壤板结的发生。

（5）合理使用生物有机肥料。一是生物菌肥的合理使用。土壤微生物是最终促进土壤团粒结构形成的主要动力来源，要打破土壤板结，就要及时合理的增施含有益生物菌的肥料，以此来增加土壤有益微生物数量，从而提高土壤团粒结构数量，改善土壤板结。二是腐殖酸类肥料的使用。腐殖质是形成土壤团粒结构的主要成分，主要是依靠土壤中的微生物分解有机质形成。因此，向土壤中直接补充足量的腐殖酸可以大大提高土壤团粒结构的数量，改善土壤板结问题。

54. 潜育化土壤的主要防治措施有哪些？

潜育化土壤的主要防治措施有以下几种。

（1）水利工程措施。开沟排水，涝渍兼治。潜育化土壤的改良首先要求排除土壤渍水，降低地下水位，增大土壤通透性，降低土壤还原物质含量，促进潜在养分的释放。一是田间垄沟。仅通过田间采用垄沟的方法来治理渍害的低标准田，投资较低，每隔10米开挖深度50厘米宽

40厘米的窄沟，每亩仅需完成土方26立方米，可有效排除地表水，但使用年限较短。二是明沟排水。这是地面除涝排渍的主要工程措施，其目的是保证地面渍水的迅速排出，同时降低地下水位，实现对成片渍害稻田地区地表水和地下水状况的宏观调控。对于已严重潜育化的稻田要以修建排浸沟改造为主。稻田在100米内只开中心排浸沟；稻田在100米以上的平坦地段，每隔100米左右开1条主排浸沟，沟宽50~60厘米。主排浸渠上每隔150~200米开1条垂直的支排浸沟，宽30~40厘米。沟渠深度视潜育层位置而定，全层潜育的主沟渠道深1.5~1.8米，中位潜育的主沟渠道深1.2~1.5米，上位潜育沟深1.0~1.2米。各类沟渠采用混凝土预制U型构件。三是暗管排水。在田间埋设排水管道，主要用于排出田间渍水。由于暗管埋于地下，不占耕地，使用年限长，便于田间耕作，是渍害排水治渍的主要措施。暗管排水采用长50厘米、内径10厘米、外径14厘米的聚氯乙烯（PVC）管，埋深80~120厘米，接口处周围铺满卵石（每米铺卵石50千克），铺上稻草，再覆土压紧，覆土时先填心土，最后填耕作层土。稻田地下水渗入暗沟，经暗管导入主排水沟排除。对于长度超过200米的暗沟，每隔100~150米设观察井（沉沙池），以便清淤维修。

（2）生态工程措施。种渔兼顾（除大中型水利工程外，提倡半旱式垄作栽培，垄面栽稻、垄沟养鱼）水利工程措施与生物措施相结合能够取得更为显著的治渍效果。水利工程措施是治渍的根本，但由于条件的限制，南方一些沿湖沿河洼地不具备排水条件，因而改为以生物措施为主，结合水利措施进行综合性改良利用，因地制宜，优化农业结构。一是退田还湖（塘）。将低湖田改挖鱼塘，不仅可以增加内湖的调蓄能力，还由于退田还湖（塘）后，改种粮食为养鱼或其他特种养殖，可以极大地提高经济效益，有助于生态系统的良性循环。二是发展水生经济植物。低洼的湖田和次生潜育化稻田一般地下水位高，土壤缺氧，种水稻后常僵苗不发，而莲藕、水芹、茭白和荸荠等水生蔬菜通气组织发达，较耐缺氧。三是稻虾综合种养模式。在潜育性稻田中，开沟起垄，垄上种稻，沟中养虾。

（3）农业措施。针对南北方中轻度潜育化土壤，以改制改土为宜，浅灌勤灌和多次晒田的灌排模式，以提高土温，增加土壤透气性，减少有毒物质的危害。实行水旱轮作，以改善土壤结构和其他理化性状，做到用养结合。大中型机械在水稻收割后及时进行翻耕整地，耕作模式采用两年潜耕，一年深翻，潜耕深度为10~20厘米，深翻一般为30~35厘米，改善土壤通气性和渗漏性，促进还原物质的氧化，加速有机质分解和迟效养分的活化，充分发挥土壤的潜在肥力。

55.过量施用化肥会使土壤养分失衡吗？

过量施用化肥，会导致土壤养分失衡、性状恶化。

在农田大量施用单元素化肥，其养分不能被作物有效地吸收利用，而氮、磷、钾等一些化学物质易被土壤固结，形成各种化学盐分，在土壤中积累，造成土壤养分结构失调，物理性状变差。部分地块有害金属和有害病菌超标，也会导致土壤性状恶化。

56.如何开展有机肥替代化肥行动？

有机肥替代化肥行动开展的主要内容有以下四项。

（1）提升种植与养殖结合水平。综合考虑土地和环境承载能力，合理确定种植规模和畜禽养殖规模，引导农民利用畜禽粪便等畜禽养殖废弃物积造施用有机肥、加工施用商品有机肥，就地就近利用好畜禽粪便等有机肥资源，实现循环利用、变废为宝。

（2）提升有机肥施用技术与配套设施水平。集成推广堆肥还田、商品有机肥施用、沼渣沼液还田、自然生草覆盖等技术模式，推进有机肥替代化肥。在农作物产地及周边，建设畜禽养殖废弃物堆沤和沼渣沼液无害化处理、输送及施用等设施，配套生产的机械施肥、水肥一体化等设施，应用设施环境调控及物联网设备，提高有机肥施用和作物生产管理机械化、智能化水平。

（3）提升标准化生产与品牌创建水平。加快制定有机肥替代化肥的技术规范和产品标准，推进设施标准化、生产过程标准化、投入品管理标准化，实现良好农业规范。以此为基础，创响一批地方特色突出、特性鲜明的区域公用品牌和企业品牌，提高产品知名度和附加值，促进农民持续增收和精准脱贫。

（4）提升主体培育与绿色产品供给水平。制定支持有机肥生产施用的用地、用电、信贷、税收等优惠政策，优先扶持利用畜禽养殖废弃物和农作物秸秆等专业从事有机肥生产的企业和社会化服务组织。引导种养大户、农民合作社、龙头企业等新型农业经营主体生产有机肥、施用有机肥，打造一批绿色优质农产品生产基地（园区），增加中高端供给，满足市场多样化需求。

57. 如何提升土壤保肥和供肥能力？

土壤保肥性能大小取决于土壤胶体的数量、组成和性质。土壤胶体是由直径为 $1 \times 10^{-7} \sim 100 \times 10^{-7}$ 厘米的微细颗粒组成。土壤胶体含量越高，土壤保肥性能越好。因此，提高土壤保肥能力非常重要的措施就是提高土壤胶体数量和质量。增施有机肥料、改良土壤质地、合理耕作、调节交换性阳离子组成、种植绿肥、合理间套轮作、秸秆还田、有机无机肥料平衡施用、施用土壤改良剂等措施，都能有效提高土壤的保肥性能。

土壤中的养分并不是全都能被作物吸收利用，根据土壤养分被作物吸收利用的程度，可以分为潜在养分和有效养分。土壤有效养分的多少，可以作为反映土壤供肥性能的指标。因此，提高土壤供肥性能，非常重要的一点就是要促进潜在养分转化。土壤的质地、结构状况、酸碱度、水分、空气、温度、胶体状况、微生物数量和耕层深浅等都能影响土壤养分形态的转化。提升土壤供肥能力的措施有：①增施有机肥料；②改良土壤质地，如采用引洪淤灌、放淤压沙、掺黏改沙等；③合理耕作，深翻、耕耙耱等；④合理灌排，如施肥后结合灌水，或趁墒施肥，或土壤遇涝积水时及时排水通气；⑤调节交换性阳离子组成，针对酸性土、碱性土的不同，施用土壤改良剂等，调节土壤酸碱度，提升供肥性能。

58.如何提升土壤保水和供水能力？

土壤的保水和供水能力主要是由土壤质地和土壤结构决定。黏土通透性差、保水能力强，沙土保水能力差，壤土保水能力介于沙土和壤土之间。对于沙滩薄地、山岭薄地，虽土壤透气性较好，但保水保肥能力差，易于漏水漏肥，应掺黏土并大量增施有机肥，提高保肥保水及供肥供水能力。对于沙滩地下部存在黏板层和地下水位过高的问题，应注意打破黏板层，降低地下水位。对于石灰岩山麓、冲积平原黏土地，虽土壤保水保肥能力强，但通气透水差，应深翻增施有机肥，掺沙改善土壤透气性，并挖好排水沟。

59.如何改善土壤生物多样性？

土壤生物多样性及其所提供的生态系统服务，对全球生态系统至关重要。频繁的人类活动，如土地利用方式的改变、化肥和杀虫剂抗菌剂过度施用、资源过度开发、环境污染等，加剧了土壤生物多样性的减少。因此，改善土壤生物多样性，需要采取切实可行的保护措施，主要有以下三种。

（1）改善土壤质量。在农田生态系统中，施用种植绿肥或种植覆盖作物、以有机肥和微生物肥料替代化肥等措施，能够给土壤生物带来丰富多样的碳源，改善土壤生物的理化环境。实行轮作或间套作等种植模式，能够使土壤生境和资源更加多样化。控制病虫害，缓解因杀虫剂抗菌剂和除草剂等农药大量使用对土壤生物产生的伤害。在自然生态系统中，维持地上作物多样性，提高输入到土壤中的有机物数量和种类，从而构建适宜土壤生物生存的环境。

（2）减少外界干扰。减少农药化肥用量，采取减少物理扰动的少耕、免耕措施，协调土壤的水肥气热，为土壤生物创造更好更多的生存空间。对于自然生态系统来说，保护林地以及减少草地的过度放牧等，维持植物的生产力和多样性，有助于保护土壤生物多样性。

（3）系统性保护。土壤生物群落不仅包括有益生物，还包括许多其他有害生物。因此，土壤生物多样性的保护是一项系统工程，无论是采取促进措施提高生物多样性，还是减少对现有生物多样性的损害，都需要从土壤生态健康整体和全局来考虑，避免为了保护生物多样性而导致有害生物的发展。此外，还应注意生物之间相互作用的影响。

60. 如何提高土壤有机质含量？

提高土壤有机质含量的主要措施有以下五种。

（1）增施有机肥。有机肥施入土壤后，能改善土壤团粒结构，提高保水、保肥能力，为植物生长创造良好的土壤环境。良好的土壤团粒结构还能促进土壤微生物和酶活性增强，有利于提高土壤缓冲性和抗逆性。

（2）秸秆还田。秸秆中含有多种矿质元素，同时富含大量的纤维素和蛋白质，腐解还田后能快速提高土壤有机质含量。

（3）种植绿肥。绿肥是指所有能翻耕到土壤中作为肥料用的绿色植物，是利用部分闲置土地生产的优质有机肥料。一般选择冬闲田、秋闲田集中连片种植绿肥。

（4）保护性耕作。保护性耕作减少了对土壤的翻动，使得深层土壤接触空气的机会减少，土壤中有机物料的降解少，归还到土壤的有机质含量增多。

（5）综合应用地力培肥技术。采取秸秆还田、增施有机肥、施用调理剂、种植肥田作物等两种以上综合集成的培肥技术。

61. 保护性耕作就只是免耕吗？

保护性耕作不只是免耕，其核心技术还包括少耕、缓坡地等高耕作、沟垄耕作、残茬覆盖耕作、秸秆覆盖、配套专用机具等。

保护性耕作是指通过少耕、免耕、地表微地形改造技术及地表覆盖、合理种植等综合配套措施，从而减少农田土壤耕翻扰动侵蚀，减少土壤有机质矿化、土壤水蚀风蚀，保护农田生态环境，并获得生态效益、经济效益及社会效益协调发展的可持续农业技术。配套种植管理技术包括绿色覆盖种植、作物轮作、带状种植、多作种植、合理密植、沙化草地恢复以及农田防护林建设等。

62.在保护性耕作中，免耕与少耕有什么区别？

免耕和少耕主要区别在耕作次数不同。

（1）少耕技术是一种改变传统土壤作业方式的耕作方式。少耕是以重型耙或旋耕机为手段进行表土作业，改变了传统耕翻作业方式，减少土壤搅动量和土壤流失程度。在玉米一年一作保护性耕作技术中常采用少耕技术。

（2）免耕播种技术是免耕技术和播种技术的复合。免耕就是除播种外不再进行其他任何土壤耕作，尽量减少作业次数，只在播种时用免耕播种机一次完成破茬、开沟、施肥、播种、覆土、镇压等作业，玉米和小麦多采用免耕播种技术。

少耕免耕法是相对于传统耕作法而言的，主要是以不使用铧式犁耕翻和尽量减少耕作次数为主要特征，从尽量减少耕作次数发展到一定年限内免除耕作。少耕、免耕由于不翻动土层，减少耕作次数，从而减少土壤水分蒸发和水土流失，提高土壤蓄水和保墒能力。不翻动土层，相对降低了土壤透气条件和好气性微生物的活动，减缓有机质分解速度，增加有机质积累，起到改土培肥作用。由于减少耕作次数、减轻机具对土壤结构的破坏作用，土壤有机质含量提高，土壤水稳性团聚体含量增加，土壤结构得以改善。在不翻动土层的同时，通过地面覆盖和撒施除草剂，下层杂草种子得不到发芽条件，杂草逐年减少。地面覆盖还能进一步防止风蚀、水蚀。少耕免耕省时、省力，有利于复种，可抢墒抢时播种，能节约能源、降低成本，提高经济效益。

63.在保护性耕作中，秸秆覆盖的越多越好吗？

在保护性耕作中，秸秆覆盖并不是越多越好。秸秆还田能抑制杂草生长，防止土壤板结。如秸秆量足够大，并且覆盖均匀，覆盖区域就不长杂草。秸秆腐烂后可以改善土壤物理性状,增加团粒结构,增加孔隙率,降低土壤耕层容重,有效提高土壤活性。同时,秸秆覆盖会增加像蚯蚓、金龟子等中性或腐蚀性的昆虫,它们可以通过取食消化把这些秸秆转化成有机肥,从而增加土壤肥力。若秸秆还田量过大或不均匀,则较易发生土壤秸秆还田生物与作物幼苗争夺养分的情况,还有可能增加单位面积的虫口密度。

在保护性耕作中,秸秆覆盖只是其中一个环节,还要与品种筛选、秸秆归行、免耕播种、生产管理各个环节配合,同时还受各地的环境、气候、具体操作等方面不同的影响。一般来说,结合区域情况,适量的秸秆还田有利于土壤耕作,提高土壤肥力。

64. 在保护性耕作中,杂草及病虫害防治技术的要点有哪些?

保护性耕作中,杂草及病虫害防治技术的要点主要有以下四点。

(1) 种子处理。保护性耕作秸秆覆盖还田之后,会造成土壤的温度降低,土壤湿度增大,容易繁殖金线虫等地下害虫。为此,要选用优质的种衣剂,保证一次性种地,确保种子出苗率。

(2) 机械喷药除草剂的应用。由于保护性耕作地块有秸秆覆盖,用传统的封地除草剂效果不好,很难形成药膜,机械喷施完后仍继续长草,封闭作用不明显。从实践看,苗后施用除草剂的效果比较理想。施用除草剂亩用水量控制在15斤左右,兑水量过大或下雨时使用,均会影响除草效果。

(3) 机械植保提前预防病虫害。实施玉米保护性耕作,秸秆覆盖还田时,上年秸秆残留的虫害,特别是玉米螟或黏虫很容易大面积繁殖,可选用大型、雾化程度高、防漂移的施药机械,喷施阿维菌素和氯虫苯甲酰胺等药物防控。

(4) 及时防控病害。在秸秆覆盖下,残留的秸秆上可能会有病害或病毒霉菌,坚持预防为主,及时喷施防虫防病的药物,防止病害大面积爆发。

65.在保护性耕作中，深松技术有哪些要求？

深松是指在不翻土、不打乱原有土层结构的情况下，打破坚硬的犁底层，加厚松土层，改善土壤耕层结构，从而增强土壤蓄水保墒和抗旱防涝能力，有效增强粮食基础生产能力，促进农作物增产增收。

农机深松时需要注意，要根据不同土壤条件和作物要求，选择相应机具进行深松作业，作业时土壤含水量应在15%～20%。深松作业一般间隔2～4年深松一次为宜，对于大型作业机械作业过或土地平整过的地块，尽量做到进行一次深松作业。深松作业通常在春季（夏收、秋冬季）进行，根据土壤条件、土壤压实情况、不同作物的农艺要求，确定深松深度一般深松深度大于35厘米，比现有犁底层深5～10厘米即可，以能打破犁底层为基准。

第三章　黑土地保护

第一节　黑土地基本情况

66.什么是黑土地？

《中华人民共和国黑土地保护法》(简称《黑土地保护法》)[①]中定义，黑土地是指黑龙江省、吉林省、辽宁省、内蒙古自治区的相关区域范围内具有黑色或者暗黑色腐殖质表土层，性状好、肥力高的耕地。黑土地需在特定的气候条件下，待地表植被死亡后经过长时间腐解形成腐殖质后，逐渐演化而成。中科院东北地理与农业生态研究所研究发现，就我国东北的黑土地而言，这个形成过程耗费了约1.2万年，个别地方的黑土甚至有200多万年的历史。[②]

黑土地

① 《黑土地保护法》于2022年6月24日第十三届全国人民代表大会常务委员会第三十五次会议通过。农业农村部农田建设管理司全程参与起草。

② 中国科学院.东北黑土地白皮书（2020）[R].哈尔滨：中国科学院，2021.

从气候条件上看，东北雨热同期，植物在春夏生长茂盛，又在秋冬枯萎凋零，大量的枯枝落叶得以积累。冬冷夏热的分明四季让东北地区的微生物活动具有间歇性特征，使分解留下的腐殖质等有机质大大增加。此外，干湿交替的气候特点使地面在干燥期形成裂缝，枯枝败叶落入土壤深层，又在湿润期随着雨量增加迅速膨胀，形成了土壤自翻转的过程。在漫长岁月和特殊自然条件的培育下，黑土地形成了有机质含量高、疏松肥沃的特点，俗语"捏把黑土冒油花，插双筷子也发芽"，夸赞的就是这片沃土。

67.为什么说黑土地是耕地中的"大熊猫"？

习近平总书记指出，保护好初级产品供给是一个重大战略性问题，中国人的饭碗任何时候都要牢牢端在自己手中，饭碗主要装中国粮，强调一定要采取有效措施，保护好黑土地这一"耕地中的大熊猫"，要求把黑土地保护作为一件大事来抓，把黑土地用好养好。黑土地是大自然赋予人类的宝贵资源，是指以黑色或暗黑色腐殖质为优势地表组成物质的土地，由于富含有机质呈黑色而得名。同时，黑土也是世界宝贵的农业资源，其土壤成土母质主要为黄土状黏土、洪积物、冲积物、冰碛物及风积物等松散沉积物，是一种性状好、肥力高、适宜农耕和具有生产潜力的优质土壤，是世界公认的少数高肥力土壤之一。黑土层的沉积经历了第四纪全新世以来的漫长过程，长达1万年以上。全球黑土地主要集中分布于中国东北、北美密西西比河流域、乌克兰大平原以及南美阿根廷—乌拉圭潘帕斯草原，在全球粮食安全保障方面具有不可替代的作用。

东北黑土区是我国最重要的商品粮基地，对我国乃至世界粮食、纤维、饲料的生产和输出起着举足轻重的作用。目前，该区粮食产量和粮食调出量分别占全国总量的1/4和1/3，已成为我国粮食生产的"稳定器"和"压舱石"，在农业可持续发展和粮食安全战略以及生态系统功能中发挥着不可替代的重要作用。同时，黑土地是巨大的土壤碳库，拥有巨大的固碳潜力，合理开发与保护黑土地，大力发展低碳农业，深入挖掘黑土地土壤碳汇潜力，将有助于高效发挥土壤碳库作用，在实现碳中和进程中起到重要作用。

因此，无论从粮食生产角度还是生态功能角度，黑土地都具有相较于其他土壤不可替代的作用，是名副其实的"耕地中的大熊猫"。

68.黑土地退化的主要特征是什么？

黑土地退化的主要特征有以下三个方面。

（1）变瘦。由于多年开发利用，土壤中的有机质含量逐年下降，肥力变低。据监测，近60年来，黑土耕作层土壤有机质含量下降了1/3，部分地区下降了50%。

（2）变薄。土壤遭到风力、水力侵蚀，土层变薄。在秋收结束后，冬春中的地表都是处于裸露的状态，容易遭到雪水或大风的侵蚀。研究显示，黑土地一年损失1～5毫米的表土层，而黑土层总深也就0.3～1米。

黑土地侵蚀沟
（中科院东北地理与农业生态研究所 提供）

（3）变硬。土壤的结构被改变，土质硬化。不合理的施肥使黑土中的微量元素出现不平衡的状态，土壤结构遭到破坏，加之开垦、翻种等活动，土地的孔隙度、保墒能力都不断降低，逐渐硬化。另外，黑土地因磷素富集加剧了养分失衡，除草剂的残留增加了玉米—大豆轮作、间作套种难度。

69.不同区域黑土地保护技术模式有哪些？

东北黑土区各地保护的技术模式各有特点，通过总结梳理形成了三种主要的技术模式，分别是"龙江模式""梨树模式"和"三江模式"，各模式具体做法如下。

（1）"龙江模式"是以秸秆翻埋还田和覆盖免耕等为主的黑土地保护模式。秸秆翻埋还田黑土层培育模式是将秸秆粉碎后，通过深翻还田，打破犁底层，补充土壤有机质，加深肥沃耕作层，适合哈尔滨、绥化、佳木斯等没有风蚀影响的低洼平地。覆盖免耕的保护性耕作模式是针对松嫩平原西部风沙、干旱、盐碱等问题，采用秸秆覆盖免耕配合深松的保护性耕作技术，将秸秆粉碎后，通过4年免耕、1年深松，结合秸秆还田，加强黑土地保护，适合齐齐哈尔和大庆等黑龙江西部地区。

（2）"梨树模式"是以作物秸秆覆盖免耕栽培为核心，包括机械收获与秸秆覆盖、免耕播种与施肥、病虫草害防治、轮作等技术环节的全程机械化的保护性耕作技术模式。"梨树模式"拥有一整套技术标准体系、农机配套体系和推广应用体系。

（3）"三江模式"是指东北三

《东北黑土地保护利用技术模式》手册
（农业农村部耕地质量监测保护中心 提供）

江地区秋季秸秆粉碎翻压还田、春季泡田搅浆整地，结合测土配方、测深施肥、有机肥替代等措施。此黑土地保护技术模式能有效增加土壤有机质含量，改善土壤结构，培肥地力，增加粮食产量，提高粮食品质，目前已被列入《国家黑土地保护工程实施方案（2021—2025年）》主推技术之一。

第二节　黑土地立法

70.《黑土地保护法》的立法背景及意义是什么？

黑土地是大自然赋予人类的宝贵礼物。保护好黑土地，事关国家粮食安全、生态安全，事关中华民族永续发展。我国的黑土区主要分布在黑龙江省、吉林省、辽宁省大部分地区和内蒙古自治区东部地区，是国家重要粮食生产基地，粮食产量约占全国的四分之一，商品量约占全国的四分之一，调出量约占全国的三分之一，在保障国家粮食安全中具有举足轻重的地位。由于长期高强度开发利用，加上风蚀、水蚀等侵害影响，导致黑土层厚度和有机质含量下降，土壤酸化、沙化、盐渍化加剧，水土流失严重，对东北乃至全国的粮食安全和生态安全带来一定风险。当前，百年变局和世纪疫情交织，错综复杂的国际形势带来各种风险挑战，凸显了保障国家粮食安全的重要性，特别需要发挥黑土地在确保稳产保供、维护国家粮食安全方面的重要作用。党的十八大以来，党中央作出了一系列加强耕地保护、保障国家粮食安全和生态安全的决策部署，出台了加强黑土地保护的特殊政策措施。制定《黑土地保护法》，将黑土地保护制度上升为法律制度，是贯彻落实以习近平同志为核心的党中央决策部署的重要举措，对于强化黑土地保护和治理修复，保障国家粮食安全和生态安全具有重要意义。

71.《黑土地保护法》起草过程中把握了哪些主要原则？

《黑土地保护法》起草过程着重把握了以下四个原则。

（1）坚持长远保障国家粮食安全的战略定位。保护黑土地就是保障国家粮食安全。制定《黑土地保护法》，落实党中央保障国家粮食安全战略，坚决遏制耕地"非农化"、防止"非粮化"，立法明确黑土地优先用于粮食生产的导向，实行严格的黑土地保护制度，强化黑土地治理修复，确保黑土地总量不减少、功能不退化、质量有提升、产能可持续，牢牢把住粮食安全主动权。

（2）把行之有效的黑土地保护政策转化为法律规定。党的十八大以来，在实施一系列加强耕地保护、保障国家粮食安全的政策措施基础上，党中央、国务院通过制定东北黑土地保护规划纲要、开展东北黑土地保护性耕作行动、实施国家黑土地保护工程，多措并举、统筹推进黑土地保护工作，取得了良好实效。制定《黑土地保护法》，总结耕地保护实践经验，把利国惠民的黑土地特殊保护制度措施以法律的形式固定下来。

（3）加大投入保障，强化科技支撑。黑土地保护工作具有公益性、基础性、长期性，要建立和完善黑土地保护财政投入保障机制，加大对黑土地的资金和项目支持。要加强科技支撑，把握自然规律，综合采取工程、农艺、农机、生物等措施，做到用养结合、因地制宜、综合施策，恢复并稳步提升黑土地基础地力，改善黑土地生态环境，提高黑土地综合生产能力。

（4）建立政府主导、农民为主体、多元参与的黑土地保护格局。保护好黑土地，是东北四省区人民政府的重要职责，要压实责任，加强考核监督，确保落实。要建立黑土地保护协调机制，加强统筹协调，增强黑土地保护的协同性。要坚持农民主体地位，保护好农民利益，调动农民开展黑土地保护的积极性。要注重发挥市场作用，引导社会力量参与黑土地保护，做到广泛参与、多元共治。

72.《黑土地保护法》中有哪些突出亮点？

《黑土地保护法》坚持长远保障国家粮食安全的战略定位，明确特殊的保护和治理修复制度措施，为保护好、利用好黑土地这一宝贵的土地资源提供了有力法治保障。其突出亮点包括以下七点。

（1）科学确定本法的适用范围。一是突出重点，明确《黑土地保护法》保护的是黑土地所在东北四省区内的黑土耕地，并要求综合考虑黑土地开发历史等因素，按照最有利于保护和最有利于修复的原则，在国家层面统筹确定黑土地保护范围，并在黑土地保护规划中进一步细化和明确。二是做好法律之间的衔接，处理好《黑土地保护法》与《土地管理法》《森林法》《草原法》《湿地保护法》《水法》等有关法律的关系。

（2）加强统筹协调。一是明确政府职责，规定国务院和四省区人民政府加强对黑土地保护工作的领导、组织、协调、监督管理，统筹制定黑土地保护政策；要求东北四省区人民政府对本行政区域内的黑土地数量、质量、生态环境负责。二是要求县级以上地方人民政府建立有关部门组成的黑土地保护协调机制，加强协调指导，明确工作责任，推动黑土地保护工作落实。三是坚持规划引领，要求将黑土地保护工作纳入国民经济和社会发展规划，明确县级以上人民政府有关部门制定黑土地保护规划，并与国土空间规划相衔接。

（3）切实保障国家粮食安全。一是将"保障国家粮食安全"作为《黑土地保护法》的重要立法目的。二是落实党中央关于"分类明确耕地用途，严格落实耕地利用优先序"的要求，进一步明确黑土地应当用于粮食和油料作物、糖料作物、蔬菜等农产品生产。三是与永久基本农田制度相衔接，要求黑土层深厚、土壤性状良好的黑土地应当按照规定标准划入永久基本农田，重点用于粮食生产。

（4）加强黑土地保护科技支撑。一是鼓励开展科学研究和技术服务，明确国家采取措施加强黑土地保护的科技支撑能力建设，支持各类主体开展黑土地保护技术服务。二是坚持用养结合、综合施策，要求采取工程、农艺、农机、生物等措施，加强黑土地农田基础设施建设，完善黑土地质量提升措施，保护黑土地的优良生产能力。三是加强黑土地治理修复，要求采取综合性措施，开展侵蚀沟治理，加强农田防护林建设，开展沙化土地治理，加强林地、草原、湿地保护修复，改善和修复农田生态环境。

（5）强化基层组织和农业生产经营者的保护义务。一是明确黑土地发包方职责，要求农村集体经济组织、村民委员会和村民小组监督承包方依照承包合同约定的用途合理利用和保护黑土地，制止承包方损害黑土地等行为。二是明确生产经营者保护和合理利用黑土地的义务，要求生产经营者十分珍惜和合理利用黑土地，加强农田基础设施建设，应用保护性耕作等技术，积极采取黑土地养护措施。同时，对国有农场的黑土地保护工作提出了明确要求。三是明确农业生产经营者未尽到黑土地保护义务，经批评教育仍不改正的，可以不予发放耕地保护相关补贴。

（6）建立健全黑土地投入保障制度。一是建立健全黑土地保护财政投入保障制度，建立长期稳定的奖励补助机制，并在项目资金安排上积极支持黑土地保护需要。二是建立健全黑土地跨区域投入保护机制。三是鼓励社会资本投入黑土地保护活动，并保护投资者的合法权益。

（7）强化考核监督，加大处罚力度。一是建立考核监督制度，明确国务院对东北四省区人民政府黑土地保护责任落实情况进行考核，将黑土地保护情况纳入耕地保护责任目标；要求有关部门依职责联合开展监

《黑土地保护法》发布

（中国人大网）

督检查；有关人民政府应当就黑土地保护情况依法接受本级人大监督。二是明确任何组织和个人不得破坏黑土地资源和生态环境，禁止盗挖、滥挖和非法买卖黑土。要求国务院有关部门建立健全保护黑土地资源监督管理制度，提高综合治理能力。三是对破坏黑土地资源的违法行为从重处罚。规定违法将黑土地用于非农建设，盗挖、滥挖黑土，以及造成黑土地污染、水土流失的，依照土地管理、污染防治、水土保持等有关法律法规的规定从重处罚。

73.《黑土地保护法》规定了从哪些方面加强黑土地农田基础设施建设？

《黑土地保护法》规定了从以下六个方面加强黑土地农田基础设施建设：①加强农田水利工程建设，完善水田、旱地灌排体系；②加强田块整治，修复沟毁耕地，合理划分适宜耕作田块；③加强坡耕地、侵蚀沟水土保持工程建设；④合理规划修建机耕路、生产路；⑤建设农田防护林网；⑥其他黑土地保护措施。

74.对非法买卖黑土等行为有何处罚规定？

黑土资源珍贵、稀缺且不可再生。但近年来，一些不法分子在利益的驱动下非法盗采、贩卖黑土资源，对黑土地造成破坏，严重危害粮食安全，也给黑土地保护工作带来新的挑战。《黑土地保护法》规定任何组织和个人不得破坏黑土地资源和生态环境，任何盗挖、滥挖和非法买卖黑土的行为都被法律所禁止。为明确行政监管责任，齐抓共管保护好黑土地，法律明确由国务院自然资源主管部门牵头，会同农业农村、水行政、公安、交通运输、市场监督管理等部门建立健全保护黑土地资源监督管理制度，共同打击盗挖、滥挖、非法买卖黑土和其他破坏黑土地资源、生态环境的行为。

《黑土地保护法》第二十条、第三十二条规定，任何组织和个人不得破坏黑土地资源和生态环境。禁止盗挖、滥挖和非法买卖黑土。盗挖、滥挖黑土的，依照土地管理等有关法律法规的规定从重处罚。非法出售黑土的，由县级以上地方人民政府市场监督管理、农业农村、自然资源等部门按照职责分工没收非法出售的黑土和违法所得，并处每立方米五百元以上五千元以下罚款；明知是非法出售的黑土而购买的，没收非法购买的黑土，并处货值金额一倍以上三倍以下罚款。

《黑土地保护法》第三十七条规定，林地、草地、湿地、河湖等范围内黑土的保护，适用《森林法》《草原法》《湿地保护法》《水法》等有关法律；有关法律对盗挖、滥挖、非法买卖黑土未做规定的，参照本法第三十二条的规定处罚。

75. 对非法占用、污染、破坏黑土地等行为有何处罚规定？

对于非法占用、污染、破坏黑土地等行为，《黑土地保护法》第十八条、第二十一条、第三十三条、第三十五条分别规定了防止黑土地污染和严格管控占用黑土地的情形，要求建设项目占用黑土地的对耕作层的土壤进行剥离，并明确了违反法律规定的相关罚则。建设项目占用黑土地未对耕作层的土壤实施剥离的，由县级以上地方人民政府自然资源主管部门处每平方米一百元以上二百元以下罚款；未按照规定的标准对耕作层的土壤实施剥离的，处每平方米五十元以上一百元以下罚款。

同时作为一部"小切口"立法，《黑土地保护法》没有对所有损害、破坏黑土地行为的法律责任都作出详细规定，对于其他法律法规已经明确规定了法律责任的，如污染土地、造成水土流失的行为，仅作了衔接性规定，指引到适用于所有土地类型的《土壤污染防治法》《水土保持法》《水土保持法实施条例》，以及四省区制定的有关地方性法规予以处罚，并明确要求进行从重处罚，即在上述有关法律法规规定的处罚方式和幅度内，在数种处罚方式中选择较严厉的处罚方式，或者在某一处罚方式允许的幅度内选择上限或者接近于上限进行处罚。

第三节 国家黑土地保护工程

76.国家黑土地保护工程的目标任务是什么?

国家黑土地保护工程的目标任务是:2021—2025年,实施黑土耕地保护利用面积1亿亩(含标准化示范面积1 800万亩)。其中,建设高标准农田5 000万亩、治理侵蚀沟7 000条,实施免耕少耕秸秆覆盖还田、秸秆综合利用碎混翻压还田等保护性耕作5亿亩次(1亿亩耕地每年全覆盖重叠1次)、有机肥深翻还田1亿亩。到"十四五"末,黑土地保护区耕地质量明显提升,旱地耕作层达到30厘米、水田耕作层达到20~25厘米,土壤有机质含量平均提高10%以上,有效遏制黑土耕地

农 业 农 村 部
国家发展和改革委员会
财　　政　　部
水　　利　　部　文件
科 学 技 术 部
中 国 科 学 院
国家林业和草原局

农建发〔2021〕3 号

关于印发《国家黑土地保护工程实施方案
(2021—2025 年)》的通知

内蒙古、辽宁、吉林、黑龙江省(自治区)人民政府:

《国家黑土地保护工程实施方案(2021—2025 年)》已经国务

关于印发《国家黑土地保护工程实施方案(2021—2025年)》的通知

"变薄、变瘦、变硬"退化趋势，防治水土流失，基本构建形成持续推进黑土地保护利用的长效机制。

77.国家黑土地保护工程的工作原则是什么？

国家黑土地保护工程突出保护优先、用养结合，因地制宜、分类施策，政策协同、综合治理，示范引领、技术支撑，政府引导、社会参与。针对黑土地长期高强度利用状况，统筹优化农业结构，推进种养循环、秸秆粪污资源化利用、合理轮作，推广综合治理技术，促进黑土地在利用中保护、在保护中利用。根据东北黑土地类型、水热条件、地形地貌、耕作模式等差异，水田、旱地、水浇地等耕地地类，科学分区分类，实施差异化治理。结合区域内农田建设、水土保持、水利工程建设等规划，统筹工程与农艺措施，统一设计方案、统一组织实施、统一绩效考核，统筹工程建设、耕地保护、资源养护等不同渠道资金，强化政策协同，实行综合治理。以建设黑土地保护工程标准化示范区为引领，实施集中连片综合治理示范，带动大面积推广。加强技术支撑，建立由科研教育和技术推广单位组成的专家团队，推进治理技术创新，实行包片技术指导。坚持黑土保护的公益性、基础性、长期性，发挥政府投入引领作用，以市场化方式带动社会资本投入，引导农村集体经济组织、农户、企业积极参与，形成黑土地保护建设长效机制。

78.国家黑土地保护工程的主要实施内容是什么？

国家黑土地保护工程的主要实施内容是，针对黑土耕地出现的"薄、瘦、硬"问题，着重实施土壤侵蚀治理、农田基础设施建设、肥沃耕作层培育等措施。

（1）土壤侵蚀治理。东北黑土区坡度2度以上的坡耕地面积占比28%，以漫坡漫岗长坡耕地为主，汇水面积大，易形成水蚀。在松嫩平原和大兴安岭东南低山丘陵的农牧交错带，干旱少雨多风，土壤风蚀严重。主要实施内容有：治理坡耕地，防治土壤水蚀；建设农田防护体系，防治土壤风蚀；治理侵蚀沟，修复和保护耕地。

（2）农田基础设施建设。针对黑土地盐碱，渍涝排水不畅，灌溉设施、路网、电网不配套以及田间道路不适应现代农机作业要求等问题，主要实施内容有：加强田间灌排工程建设和田块整治，优化机耕路、生产路布局，配套输配电设施，改善实施保护性耕作的基础条件。大力推广节水灌溉，水田灌溉设计保证率不低于80%。耕作田块农机通达率平原地区100%、丘陵山区90%以上。

（3）肥沃耕作层培育。20世纪50年代大规模开垦以来，东北典型黑土区逐渐由林草自然生态系统演变为人工农田生态系统，由于长期高强度利用，土壤有机质消耗流失多，秸秆、畜禽粪肥等有机物补充回归少，导致有机质含量大幅降低，耕地基础地力下降。加之长期的小马力农机作业，翻耕深度浅，耕作层厚度低于20厘米的耕地面积占一半。主要实施内容有：实施保护性耕作，推广应用少耕免耕秸秆覆盖还田、秸秆碎混翻压还田等不同方式的保护性耕作。实施有机肥还田，推行种养结合、粮豆轮作。通过肥沃耕作层培育，旱地耕作层厚度要达到30厘米，水田耕作层厚度要达到20~25厘米，土壤有机质含量达到当地自然条件和种植水平的中上等。

（4）黑土耕地质量监测评价。为加强黑土耕地变化规律的研究和实施效果的监测评价，建立健全黑土区耕地质量监测评价制度，完善耕地质量监测评价指标体系和网络，合理布设耕地质量长期定位监测站点和调查监测点，通过长期定位监测跟踪黑土耕地质量变化趋势，建设黑土耕地质量数据库。加强黑土地保护建设项目实施效果监测评价，作为第三方评价的参考。探索运用遥感监测、信息化管理手段监管黑土耕地质量。

79.国家黑土地保护工程有何创新之处？

国家黑土地保护工程的创新之处是根据地形地貌、水热条件、种植制度、土壤退化情况等因素，将东北典型黑土区划分为三江平原区、大兴安岭东南麓区、松嫩平原区、长白山—辽东丘陵山区、辽河平原区等五个区，提出分区治理重点内容。松嫩平原北部（北纬45度以北）的中厚黑土区以保育培肥为主；松嫩平原南部（北纬45度以南）、三江平原、辽河平原的浅薄黑土区以培育增肥为主；大兴安岭东南麓、长白山—辽东丘陵的水土流失区以固土保肥为主；三江平原和松嫩平原西部的障碍土壤区以改良培肥为主。

第四章 土壤普查与耕地质量监测评价

第一节 耕地质量调查

80.什么是耕地质量调查？

耕地质量调查是指为了查清耕地的分布、土壤剖面性状、主要养分状况、主要障碍因素和对耕地基础设施、基础地力、健康状况等质量等级的物理、化学、生物指标，以及投入品对耕地质量影响等进行跟踪、分析，掌握全国耕地质量状况而开展的一系列活动。耕地质量调查包括耕地质量普查、专项调查和应急调查。

81.耕地质量普查、专项调查、应急调查的区别是什么？

耕地质量普查、专项调查、应急调查的区别主要在调查的目的和范围等方面的不同。

耕地质量普查是以摸清耕地质量状况为目的，按照统一的技术规范，对全国耕地自下而上逐级实施现状调查、采样测试、数据统计、资料汇总、图件编制和成果验收的全面调查。耕地质量普查是对耕地质量的全面调查，也是一项重要的国情调查，和人口普查相类似，一般由农业农村部根据农业生产发展需要，会同有关部门制定工作方案，经国务院批准后组织实施。调查内容包括耕地的分布、质量等级情况、主要养分状况、土壤剖面性状、主要障碍因素、耕地投入品（肥料、农药、农膜等）使用情况。

耕地质量专项调查包括耕地质量等级调查、特定区域耕地质量调查、耕地质量特定指标调查和新增耕地质量调查四个方面。耕地质量等级调查是为评价耕地质量等级情况而实施的调查，主要从耕地地力（立地条件、自然属性）、土壤健康状况和田间基础设施等方面选取评价因子开展调查。特定区域耕地质量调查是指在一定区域内实施的耕地质量及其相关情况的调查，如东北黑土区耕地质量调查、华北小麦玉米轮作区耕地质量调查等。耕地质量特定指标调查是指为了解耕地质量某些特定指标而实施的调查，如耕地土壤有机质专项调查、耕地重金属含量专项调查等。新增耕地质量调查是指为了解新增耕地质量状况、农业生产基本条件和能力而实施的调查，主要包括土地开发、整理、复垦和高标准农田建设形成的新增耕地质量调查，调查内容包括农业生产基本条件符合性调查与耕地生产能力的调查。

耕地质量应急调查是因重大事故或突发事件，发生可能污染或破坏耕地质量的情况时实施的调查，包括灾毁、耕地污染事件、耕地质量纠纷案件等情况发生时开展的临时性耕地质量调查。

82.什么是土壤普查？

土壤普查是在一定时期对土壤形成条件、土壤类型、土壤质量、土壤利用及其潜力的现状性调查，包括立地条件调查、土壤性状调查和土壤利用方式、强度调查。普查成果可为土壤的科学分类、规划利用、改良培肥、保护管理等提供科学支撑，也可为经济社会生态建设重大政策的制定提供决策依据。

第二节　第三次全国土壤普查

83.为什么要开展第三次全国土壤普查？

第三次全国土壤普查（简称土壤三普）是一次重要的国情国力调查，对全面真实准确掌握土壤质量、性状和利用状况等基础数据，提升土壤资源保护和利用水平，落实最严格耕地保护制度和最严格节约用地制度，保障国家粮食安全，推进生态文明建设，促进经济社会全面协调可持续发展具有重要意义。

（1）开展土壤三普是守牢耕地红线确保国家粮食安全的重要基础。随着经济社会发展，耕地占用刚性增加，要进一步落实耕地保护责任，严守耕地红线，确保国家粮食安全，需摸清耕地数量状况和质量底数。全国第二次土壤普查距今已40年，相关数据不能全面反映当前耕地质量实况，迫切需要开展土壤三普工作，实施土壤的"全面体检"。

（2）开展土壤三普是落实高质量发展要求加快农业农村现代化的重要支撑。贯彻新发展理念，推进农业发展绿色转型和高质量发展，需要土壤肥力与健康指标数据作依据。提高农产品质量和竞争力，需要详实的土壤特性指标数据作支撑。指导因土种植、因土施肥、因土改土，提高农业生产效率，需要土壤养分和障碍指标数据作支撑。发展现代农业，促进农业生产经营管理信息化、精准化，需要土壤大数据作支撑。

（3）开展土壤三普是保护环境促进生态文明建设的重要举措。随着城镇化、工业化快速推进，大量废弃物排放直接或间接影响农用地土壤质量；农田土壤酸化加剧、重金属活性增强、污染趋势加重，农产品质量安全受威胁。土壤生物多样性下降、土传病害加剧，制约土壤多功能发挥。为全面掌握全国耕地、园地、林地、草地等土壤性状，协调发挥土壤的生产、环保、生态等功能，需开展全国土壤普查。

（4）开展土壤三普是优化农业生产布局助力乡村产业振兴的有效途径。推进优化农林牧业生产布局落实落地，需要以土壤普查基础数据作支撑，合理利用土壤资源，发挥区域比较优势，优化农业生产布局，提高水土光热等资源利用率，实现既保粮食和重要农产品有效供给、又保食物多样，促进乡村产业兴旺和农民增收致富。

国务院第三次全国土壤普查领导小组办公室文件

农建发〔2022〕1号

国务院第三次全国土壤普查领导小组办公室关于印发《第三次全国土壤普查工作方案》的通知

各省、自治区、直辖市、计划单列市及新疆生产建设兵团第三次土壤普查领导小组办公室（农业农村（农牧）厅（局、委）），北大荒农垦集团有限公司、广东省农垦总局：

遵照《国务院关于开展第三次全国土壤普查的通知》（国发〔2022〕4号）要求，我们会同国务院第三次全国土壤普查领导小组成员单位组织编制了《第三次全国土壤普查工作方案》，现予印发。请各省（自治区、直辖市）按照工作方案要求，结合本地区实

— 1 —

国务院第三次全国土壤普领导小组办公室关于印发《第三次全国土壤普查工作方案》的通知

84. 第三次全国土壤普查的思路与目标是什么？

第三次全国土壤普查的思路与目标是以习近平新时代中国特色社会主义思想为指导，全面贯彻党的十九大和十九届历次全会精神，深入落实党中央、国务院关于耕地保护建设和生态文明建设的决策部署；遵循土壤普查的全面性、科学性、专业性原则，衔接已有成果，借鉴以往经验做法，坚持摸清土壤质量与完善土壤类型相结合、土壤性状普查与土壤利用调查相结合、外业调查观测与内业测试化验相结合、土壤表层采样与重点剖面采集相结合、摸清土壤障碍因素与提出改良培肥措施相结合、政府主导与专业支撑相结合，统一普查工作平台、统一技术规程、统一工作底图、统一规划布设采样点位、统一筛选测试化验专业机构、统一过程质控；按照"统一领导、部门协作、分级负责、各方参与"的组织实施方式，到2025年实现对全国耕地、园地、林地、草地等土壤

的"全面体检"，摸清土壤质量家底，为守住耕地红线、保护生态环境、优化农业生产布局、推进农业高质量发展奠定坚实基础。

85.第三次全国土壤普查的对象和任务是什么？

第三次全国土壤普查的对象是全国耕地、园地、林地、草地等农用地和部分未利用地的土壤。其中，林地、草地重点调查与食物生产相关的土地，未利用地重点调查与可开垦耕地资源相关的土地，如盐碱地等。

第三次全国土壤普查的任务包括土壤性状普查、土壤类型普查、土壤立地条件普查、土壤利用情况普查、土壤数据库和土壤样品库构建、土壤质量状况分析、普查成果汇交汇总等。以完善土壤分类系统与校核补充土壤类型为基础，以土壤理化性状普查为重点，更新和完善全国土壤基础数据，构建土壤数据库和样品库，开展数据整理审核、分析和成果汇总。查清不同生态条件、不同利用类型土壤质量及其退化与障碍状况，摸清特色农产品产地土壤特征、耕地后备资源土壤质量、典型区域土壤环境和生物多样性等，全面查清农用地土壤质量家底。

86.第三次全国土壤普查的技术路线与方法是什么？

第三次全国土壤普查的技术路线与方法是以全国第二次土壤普查（简称土壤二普）、第三次全国国土调查（简称国土三调）、全国农用地土壤污染状况详查、农业普查、耕地质量调查评价、全国森林资源清查等工作形成的相关成果为基础，以遥感技术、地理信息系统、全球定位系统、模型模拟技术、现代化验分析技术等为科技支撑，统筹现有工作平台、系统等资源，建立土壤三普统一工作平台，实现普查工作全程智能化管理；统一技术规程，实现标准化、规范化操作；以土壤二普土壤图、地形图、国土三调土地利用现状图、全国农用地土壤污染状况详查点位图等为基础，编制土壤三普统一工作底图；根据土壤类型、地形地貌、土地利用现状类型等，参考全国农用地土壤污染状况详查点位、全国森林资源清查固定样地等在工作底图上统一规划布设外业调查采样点位；按照检测资质、基础条件、检测能力等，全国统一筛选测试化验专业机构，规范建立测试指标与方法；通过"一点一码"跟踪管理，构建涵盖普查全过程统一质控体系；依托土壤三普工作平台，国家级和省级分别开展数据分析和成果汇总；实现土壤三普标准化、专业化、智能化，科学、规范、高效推进普查工作。

87. 第三次全国土壤普查要形成哪些成果？

第三次全国土壤普查要形成五类成果：

（1）数据成果。形成全国土壤类型、土壤理化和典型区域生物性状指标数据清单，形成土壤退化与障碍数据，特色农产品区域、盐碱地调查等专题调查土壤数据，适宜于不同土地利用类型的土壤面积数据等。

（2）数字化图件成果。形成分类普查成果图件，主要包括全国土壤类型图，土壤养分图，土壤质量分布图，耕地盐碱化、酸化等退化土壤分布图，土壤利用适宜性分布图，特色农产品生产区域土壤专题调查图等。

（3）文字成果。形成各类文字报告，主要包括土壤三普工作报告、技术报告，全国土壤利用适宜性（适宜耕地、园地、林地和草地利用）评价报告，全国耕地、园地、林地、草地质量报告，东北黑土地、盐碱地、酸化耕地等改良利用、特色农产品区域土壤特征等专项报告。

（4）数据库成果。形成集土壤普查数据库、图件和文字等国家级、省级土壤三普数据库，主要包括土壤性状数据库、土壤退化和障碍数据库、土壤利用等专题数据库。

（5）样品库成果。形成标准化、智能化的国家级和省级土壤样品库、典型土壤剖面标本库。

88. 第三次全国土壤普查的时间进度如何安排？

第三次全国土壤普查按照"一年试点、两年铺开、一年收尾"的时间安排进度有序开展。

2022年，启动土壤三普工作，完成技术规程制订、工作平台构建、外业采样点规划布设及培训宣传等工作，在88个县开展全面试点。对重点区域开展盐碱地调查，完成全面盐碱地普查。

2023—2024 年，各省全面铺开普查，2024 年底前完成全部外业采样和内业化验等工作，初步建成省级土壤普查数据库与样品库。

2025 年，完成省级普查成果汇总、验收，初步建成国家级数据库、样品库，形成全国耕地质量报告和土壤利用适宜性评价报告等，汇总形成全国土壤普查各类成果。

89. 第三次全国土壤普查有哪些保障措施？

第三次全国土壤普查的保障措施主要有四方面。

（1）加强组织领导。成立国务院第三次全国土壤普查工作领导小组及办公室，办公室设在农业农村部，负责普查工作的具体组织和协调。地方各级人民政府成立相应的普查领导小组及办公室，负责本地区普查工作的组织和实施。

（2）强化技术支撑。全国土壤普查办组织开展技术规程规范制定、技术培训、技术指导，成立专家指导组和技术工作组，负责重大技术疑难问题咨询、指导与技术把关等。各省（自治区、直辖市）组建省级专家指导组和专业普查队伍体系，承担本区域的外业调查和采样等工作。土壤三普培训由全国各级土壤三普办委托的单位举办。

（3）强化经费保障。土壤普查经费由中央财政和地方财政按承担的工作任务配置。地方各级人民政府根据工作进度安排，统筹资金渠道经费支持土壤三普工作，纳入相应年度预算，并加强监督审计。

（4）加强宣传引导。广泛宣传土壤普查重要意义，提高全社会对土壤三普工作重要性的认识。认真做好舆情引导，积极回应社会关切的热点问题，营造良好的外部环境。

90. 土壤普查和土地调查有何关系？

两者的范围、目的、内容和方法有所不同。

（1）范围不同。土壤普查的对象是全国耕地、园地、林地、草地等农用地和部分未利用地的土壤。其中，林地、草地中突出与食物生产相关的土地，未利用地重点调查与可开垦耕地资源潜力相关的土地，如盐碱地等，调查面积约为陆地国土的76%。而土地调查的对象是我国陆地国土。

（2）目的不同。土壤普查的目的是查明全国土壤类型及分布，全面查清土壤资源现状和变化趋势，掌握土壤质量、土壤健康等基础数据，实现对土壤的"全面体检"。土地调查的目的是全面查清某一时间节点全国土地资源数量及利用状况，掌握真实准确的土地利用状况基础数据。

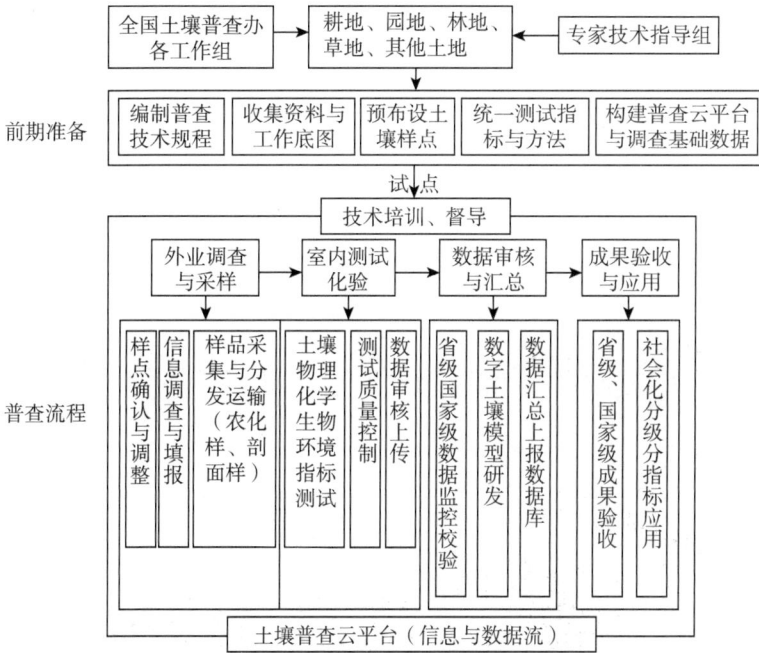

土壤三普技术路线图

（3）内容不同。土壤普查是对土壤理化和生物性状、土壤类型、土壤立地条件、土壤利用情况等的普查。土地调查是对土地利用现状及变化、土地权属及变化等情况的调查。

（4）方法不同。土壤普查是调查采集表层土壤样品，挖掘土壤剖面、采集分层土样，分析化验土壤理化性状等，是三维立体式调查。土地调查是通过遥感影像对土地利用现状进行判读，实地调查核实土地的地类、面积和权属等信息，是二维平面式调查。

第三节　耕地质量监测

91.什么是耕地质量监测？

耕地质量监测是通过定点调查、田间试验、样品采集、分析化验、数据分析等工作，对耕地土壤理化性状、养分状况等质量变化开展的动态监测。

耕地质量监测点

92.耕地质量监测的目的和意义是什么？

我国耕地长期高强度、超负荷使用，耕地退化、污染、基础地力下降等问题突出，已成为制约农业可持续发展和粮食综合生产能力提升的关键因素。加强耕地质量保护，首先需要通过开展耕地质量监测，摸清我国耕地质量底数，掌握我国耕地质量状况和变化趋势，提出加强耕地质量保护与提升的技术意见及政策措施，对于助力藏粮于地、藏粮于技战略，确保国家粮食安全和农业可持续发展具有十分重要的意义。

黑土区国家级耕地质量监测点

93. 耕地质量监测有哪些类型？

耕地质量监测的类型有常规监测和专项监测。

常规监测主要依据《耕地质量监测技术规程》（NY/T 1119）开展，主要服务于政府履职考核评价和农业生产应用等。

专项监测是结合耕地轮作休耕制度试点、东北黑土地保护利用试点、高标准农田建设等工作，主要服务于重大项目实施成效的科学评价。目前已开展了轮作休耕专项监测、黑土地专项监测保护、高标准农田专项监测建设等工作。

耕地质量监测标识牌

耕地质量监测小区建设

94.耕地质量监测的主要内容和指标是什么?

根据监测时期的不同,耕地质量监测的主要内容和指标有一定区别,主要分为自动监测、年度监测和五年监测三个方面。

设置在永久基本农田保护区等代表性的地块上的耕地质量监测点

自动监测内容包括监测温度、湿度、风速、风向、光照、大气压、降雨量等农田气象要素;分层监测土层土壤含水量、温度、电导率等土壤参数;监测作物覆盖度、株高、叶面积指数、叶绿素等作物长势。

年度监测内容包括监测田间作业情况、施肥情况、作物产量,并在每年最后一季作物收获后、下一季施肥前分别采集耕地监测功能区、长期不施肥区、常规施肥区耕层土壤样品,进行集中检测。具体监测指标包括记载年度内每季作物的名称，品种，播种量（栽培密度），播种期，播种方式，收获期，耕作情况，灌排，病虫害防治，自然灾害发生的时间、强度及对作物产量的影响等田间作业情况；记录每一季度的施肥时期、肥料品种、施肥次数、养分含量、施用实物量、施用折纯量等施肥情况；对长期不施肥区、当年不施肥区、常规施肥区的每季作物分别进行果实产量（风干基）与茎叶（秸秆）产量（风干基）的测定；监测耕层厚度、土壤容重、紧实度、水稳性大团聚体，土壤pH、有机质、全氮、有效磷、速效钾、缓效钾、土壤含盐量（盐碱地）等土壤理化性状；监测耕层土壤微生物量碳、微生物量氮等土壤生物性状；监测培肥和改良措施对耕地质量的影响等土壤改良情况。

五年周期监测内容需在年度监测内容的基础上，增加监测土壤质地、阳离子交换量（CEC）、还原性物质总量（水田），全磷、全钾，中微量及有益元素含量（交换性钙、镁，有效硫、硅、铁、锰、铜、锌、硼、钼），重金属元素全量（铬、镉、铅、汞、砷、铜、锌、镍）等指标。

95. 耕地质量监测点遵循哪些设立原则？

耕地质量监测点设立时，应综合考虑土壤类型、种植制度、地力水平、耕地环境状况、管理水平等因素。同时，应参考有关规划，将耕地质量监测点设在永久基本农田保护区、粮食生产功能区、重要农产品生产保护区有代表性的地块上，以保持监测点的稳定性、监测数据的连续性。

96. 耕地质量监测点建立时的调查内容主要有哪些？

建立监测点时，应就监测点的立地条件、自然属性、田间基础设施情况和农业生产概况，建立监测点档案信息。同时，按NY/T 1121.1规定的方法挖取未经扰动的土壤剖面并拍摄剖面照片，监测各发生层次理化性状。

（1）立地条件、自然属性和农业生产概况调查。主要包括监测点的常年降水量、常年有效积温、常年无霜期、成土母质、土壤类型、地形部位、田块坡度、潜水埋深、障碍层类型、障碍层深度、障碍层厚度、灌溉能力及灌溉方式、水源类型、排水能力、农田林网化程度、典型种植制度、常年施肥量、产量水平等。

（2）土壤剖面理化性状调查。主要包括监测点土壤剖面发生层次、深度、颜色、结构、紧实度、容重、新生体、植物根系、机械组成、化学性状（包括有机质、全氮、全磷、全钾、pH、碳酸钙、阳离子交换量，土壤含盐量、盐渍化程度，土壤铬、镉、铅、汞、砷、铜、锌、镍全量）。

土壤剖面理化性状调查

97.如何做好耕地质量监测点样品检测和存储工作？

耕地质量监测点样品检测：需将采集的耕地质量监测功能区土壤样品送至具备土壤肥料检测能力并通过检验检测机构资质认证的机

构进行检测。实验室分析质量控制按NY/T 395规定的方法操作执行。土壤样品制备、样品检测、数据处理等按照仪器设备要求进行检测。

耕地质量监测点样品存储：每个监测点耕地质量监测功能区的土壤样品需按年度分类长期保存。设立固定的耕地质量监测土壤样品保存空间，每个土壤样品存储瓶标签标明采集年份、采集地点（经纬度）、土壤类型等基本信息，建点时调查和五年监测保留原状土不少于5千克，年度监测保留原状土不少于1千克。建立土壤样品电子数据库，便于样品查询。

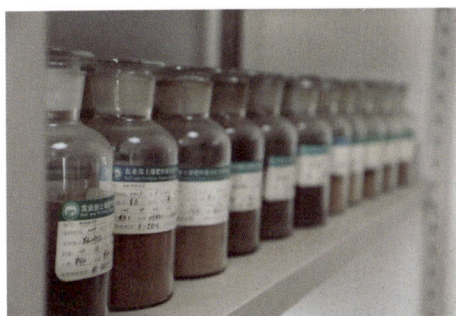

耕地质量监测点样品存储

98. 耕地质量监测的成果如何应用？

目前，国家耕地质量监测结果广泛服务于耕地质量建设保护、重大项目考核评价和部门考核等多个领域。

（1）指导耕地质量保护提升工作，为集成技术模式和编写技术方案提供支撑。

（2）服务重大项目评估，为黑土地保护利用试点项目、轮作休耕地制度试点工作实施效果评价提供依据，为扩大项目实施规模提供参考。

（3）服务于各级政府和部门考核工作，在粮食安全省长责任制考核、省级耕地保护目标履行情况考核中，耕地质量监测体系建设、耕地质量提升等作为重点考核内容。

（4）应用于农业种植结构调整，通过开展耕地质量监测，可以摸清区域耕地土壤理化性状及土壤作物适宜性，为区域调整农业种植结构，优化农业产业布局提供依据。

耕地质量监测的成果应用

第四节　耕地质量评价

99.什么是耕地质量评价？

耕地质量评价是指对用于一定生产方式的耕地，在各种自然要素相互作用下所表现出来的潜在生产能力的评价方法。

100.耕地质量评价有哪些类型？

根据《耕地质量调查监测与评价办法》(2016)，耕地质量评价包括耕地质量等级评价、耕地质量监测评价、特定区域耕地质量评价、耕地质量特定指标评价、新增耕地质量评价和耕地质量应急调查评价。

耕地质量等级评价是指从农业生产角度处出发，通过综合指数法对耕地地力、土壤健康状况和田间基础设施构成的满足农产品持续产出和

农业农村部办公厅文件

农办建〔2021〕10 号

农业农村部办公厅关于做好国家黑土地保护工程
黑土区耕地质量监测评价工作的通知

内蒙古、辽宁、吉林、黑龙江省（自治区）农业农村（农牧）厅，北大荒农垦集团有限公司：

为贯彻 6 月 4 日东北黑土地保护利用现场会精神，落实《国家黑土地保护工程实施方案（2021—2025 年）》关于开展黑土耕地质量监测与实施效果评价的有关要求，开展黑土地保护工程相关项目耕地质量监测与实施效果评价，现将有关事项通知如下：

一、开展黑土区耕地质量监测工作

（一）建立长期定位监测网。省级农业农村部门依托科研教

— 1 —

农业农村部办公厅文件

农办建〔2021〕2 号

农业农村部办公厅关于做好 2021 年退化耕地治理
与耕地质量等级调查评价工作的通知

各省、自治区、直辖市农业农村（农牧）厅（局、委）：

开展退化耕地治理、加强耕地质量等级调查评价是守牢耕地质量红线，落实藏粮于地、藏粮于技战略，确保国家粮食安全的重要举措。2021 年，中央财政通过农业资源及生态保护补助资金继续支持退化耕地治理和耕地质量等级年度变更调查评价工作。按照《农业农村部、财政部关于做好 2021 年农业生产发展等项目实施工作的通知》（农计财发〔2021〕8 号）要求，为了进一步明确工作重点，确保工作成效，现将有关事项通知如下。

— 1 —

质量安全的能力进行的综合评价。

耕地质量监测评价是指在一定区域内运用监测数据对耕地质量主要性状变化情况进行评价。

特定区域质量评价是指在一定区域内实施的耕地质量及其相关情况的评价，如东北黑土区耕地质量评价、华北小麦玉米轮作区耕地质量评价等。

耕地质量特定指标评价是指为了解耕地质量某些特定指标而实施的评价，如耕地土壤有机质专项评价、耕地重金属含量专项评价等。

新增耕地质量评价是指对土地开发、整理、复垦和高标准农田建设形成的新增耕地的农业生产基本条件符合性、耕地地力进行的综合评价。

耕地质量应急调查评价是指因重大事故或突发事件，发生可能污染或破坏耕地质量的情况时实施的调查评价，包括灾毁、耕地污染事件、耕地质量纠纷案件等情况发生时开展的临时性耕地质量调查评价。

101. 耕地质量监测与耕地质量评价有何关系？

耕地质量监测是通过定点调查、田间试验、样品采集、分析化验、数据分析等工作，对耕地土壤理化性状、养分状况等质量变化开展的动态监测。耕地质量评价是用耕地质量调查和监测数据，对本区域内耕地质量等级情况进行评价。监测的数据可以用于耕地质量评价，但监测侧重于掌握耕地的动态变化，而评价侧重于对耕地质量优劣结果的一个呈现。

102. 耕地质量等级评价的目的和意义是什么？

开展耕地质量等级评价有利于摸清耕地质量家底，掌握耕地质量变化趋势，科学评价耕地质量保护成效，推动藏粮于地、藏粮于技战略的实施，有利于落实最严格的耕地保护制度，坚持耕地数量、质量、生态"三位一体"保护，推进耕地质量保护与提升行动的开展，指导各地根据耕地质量状况，合理调整农业生产布局，推进农业供给侧结构性改革，缓解资源环境压力，提升农产品质量安全水平。

103.耕地质量等级评价的主要指标有哪些？

《耕地质量等级》（GB/T 33469）规定了耕地质量等级评价指标由基础性指标和补充性指标组成，即"N+X"。其中，N为13个基础性指标，X为6个区域补充性指标。

ICS 13.080.01
B 12

GB

中华人民共和国国家标准

GB/T 33469—2016

耕 地 质 量 等 级

Cultivated land quality grade

2016-12-30 发布　　　　　　2016-12-30 实施

中华人民共和国国家质量监督检验检疫总局　发布
中国国家标准化管理委员会

《耕地质量等级》（GB/T 33469—2016）

　　基础性指标。①地形部位：具有特定形态特征和成因的中小地貌单元，对耕地生产能力影响较大。如河流及河谷冲积平原要区分出河床、河漫滩、一级阶地、二级阶地等。②有效土层厚度：指作物能够利用的母质层以上的土体总厚度；当有障碍层时，为障碍层以上的土层厚度。它是土壤肥力的重要载体，影响作物根系生长及养分吸收。③质地构型：土壤剖面垂直方向上不同质地层次的排列，分为薄层型、松散型、紧实型、夹层型、上紧下松型、上松下紧型、海绵型等几大类型。④耕层质地：耕层土壤颗粒的大小及其组合情况，分为砂土、砂壤、轻壤、中壤、重壤、黏土等。⑤土壤容重：田间自然坌结状态下单位容积土体（包括土粒和孔隙）的质量和重量，是重要的土壤物理性状指标，可以覆盖或延伸指示多种土壤属性。⑥有机质：土壤中形成的和外加入的所有动植物残体不同阶段的各种分解产物和合成产物的总称，包括高度腐解的腐殖物质、解剖结构尚可辨认的有机残体和各种微生物体，是衡量土壤肥力供应能力、判断土壤结构适宜程度的首要指标。⑦土壤养分状况：综合反映土壤养分数量、形态、分解、转化规律以及土壤保肥、供肥性能的重要指标。⑧生物多样性：综合反映耕地土壤生物物种、生物群落和功能多样性及生态平衡状态，是土壤健康状况的重要组成内容。⑨土壤障碍因素：土体中妨碍农作物正常生长发育、对农产品产量和品质造成不良影响的因素。⑩灌溉能力：预期灌溉用水量在多年灌溉中能够得到满足的程度，是保障农作物耗水的关键要素，直接影响耕作制度及耕地生产能力。⑪排水能力：为保证农作物正常生长，及时排除农田地表积水，有效控制和降低地下水位的能力。⑫清洁程度：反映耕地土壤健康状况的重要指标，主要指耕地土壤中污染物等对生态系统和人体健康产生不良或有害效应的程度。⑬农田林网化程度：农田四周的林带保护面积与农田总面积之比，对农田及周边小气候、防风固沙、缓解污染等方面起到重要作用。

区域补充性指标。①耕层厚度：指经耕种熟化而形成的土壤表土土层厚度。耕层变浅是东北区、黄淮海区耕地退化的重要因素之一，增加该指标。②田面坡度：农田坡面与水平面的夹角度数。在内蒙古及长城沿线区、黄土高原区增加该指标。③盐渍（碱）化程度：土壤底层或地下水的易溶性盐分随毛管水上升到地表，水分散失后，使盐分积累在表层土壤中，当土壤含盐量过高时，形成的盐碱危害。或受人类特殊活动影响，在使用高矿化度水进行灌溉及在干旱气候条件下没有排水功能、地下水较浅的土壤上进行灌溉时产生的次生盐化危害。盐碱危害在黄淮海区、甘新区、青藏区影响较为突出，增加该指标。④地下水埋深：指潜水面至地表面的距离，反映次生盐渍（碱）化的重要指标，在黄淮海区、黄土高原区、甘新区存在次生盐渍（碱）化风险，增加此指标。⑤海拔高度：指地面某个地点高出海平面的垂直距离，在西南区、青藏区耕地分布零散，海拔差异较大，对耕地质量与产出能力有较大影响。⑥酸碱度：土壤溶液的酸碱性强弱程度，以pH表示。在东北区、黄淮海区、长江中下游区、西南区、华南区等地区，土壤酸化是耕地土壤退化的主要类型之一。

104.如何开展耕地质量等级划分？

耕地质量等级划分通常分五步开展。第一步，确定耕地质量等级划分区域；第二步，确立耕地质量评价指标及权重；第三步，确定耕地是否存在污染；第四步，耕地质量评价；第五步，耕地质量综合评估。

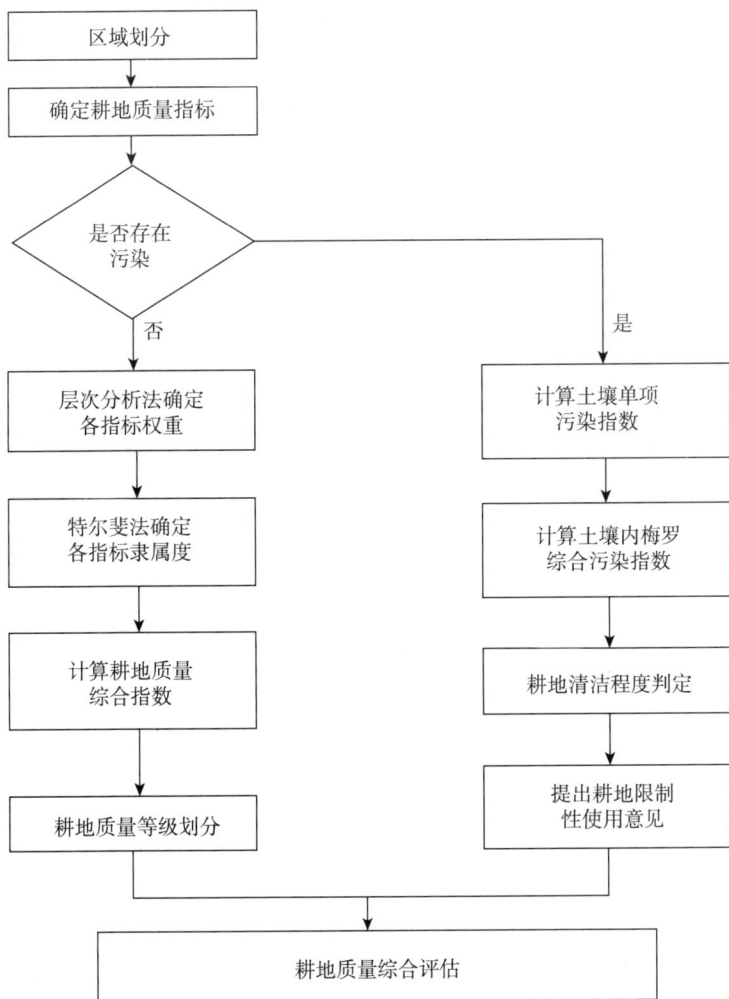

耕地质量等级划分流程

105.耕地质量评价工作的特点有哪些？

耕地质量评价工作有四方面特点。一是环节多，包括调查采样、检测、数据库建设、耕地质量等级评价、耕地清程度评价、成果汇总等6大环节。二是流程长，需要21个步骤，才能完整形成评价成果。三是涉及面广，涉及土壤学、GIS、检测、数据库、环境、模糊数学、数理统计等多项专业内容。四是技术难度大，包括田间实地操作、化验室操作、计算机操作等技术。

106.耕地质量评价工作如何开展？

耕地质量评价工作流程如下图所示：

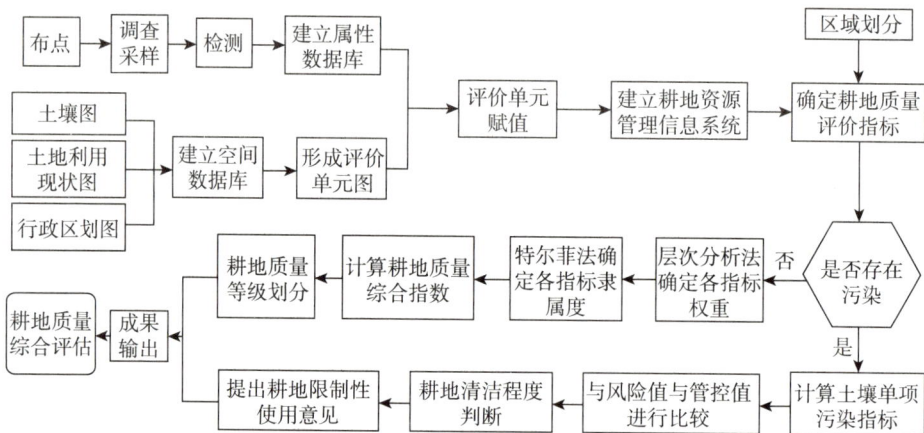

107.耕地质量评价的成果如何应用？

耕地质量评价成果主要应用在以下几方面。

（1）应用于区域耕地退化治理。通过对区域耕地质量评价，能够摸清耕地质量情况和影响农业生产的主导障碍因素，为制定区域耕地退化治理方案，有针对性开展耕地退化治理提供科学依据。

（2）应用于农田建设项目规划设计。在农田建设项目规划设计前，通过开展项目耕地质量评价，能够摸清项目区域耕地质量状况和影响农业生产的主要障碍因素，为制定农田地力提升工程建设内容、建设标准提供依据。

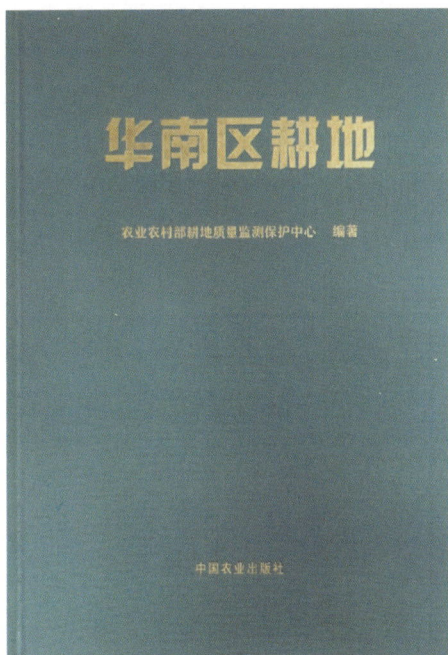

耕地质量评价成果应用
《华南区耕地》

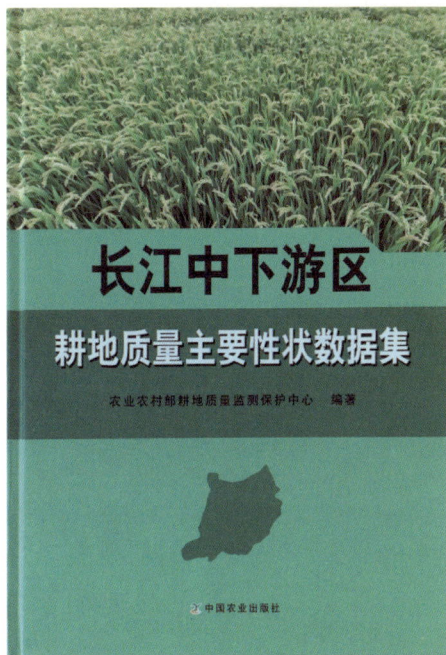

耕地质量评价成果应用《长江中下游
区耕地质量主要性状数据集》

（3）应用于高标准农田建设规划编制。依据区域耕地质量等级评价成果，科学分析区域耕地有效土层厚度、耕层质地、土壤养分状况、障碍因素等耕地质量状况，为当地农田地力提升工程的建设区域、建设内容、建设标准提供依据。

（4）指导科学施肥。通过开展耕地质量评价，能够摸清区域耕地土壤养分状况，为指导农民科学施肥提供科学依据。

（5）提供政策支持。耕地质量评价的结果在制定农业与国土政策方面起着重要的作用，尤其当前我国粮食安全和农产品质量安全等国家重大问题都与耕地质量密切相关，耕地质量评价的结果是政府决策的基础支撑依据。如，指导种植业结构调整，为自然资源负债表、资源承载能力分析、粮食生产省长责任制考核提供支持，为耕地质量保护与提升行动、轮作休耕试点、东北黑土区保护等政策实施提供基础支撑。

案例篇

案例一

吉林省柳河县因地制宜探索山区
黑土地保护利用之路

一、县域概况

柳河县位于吉林省东南部长白山区，境内地表由山地、丘陵、熔岩台地和河谷盆地4种类型构成，互相交错，分布全境。中低山地占全县面积的70%，丘陵地占全县总面积的10%，熔岩台地占全县总面积的5%，河谷盆地占全县总面积的15%，是一个"七山半水二分田，半分道路和庄园"的山区县。全县水热条件良好、黑土资源丰富，黑土地占耕地面积比例达到86.11%以上，肥沃的黑土地成就了柳河县为吉林省产粮大县的殊荣，全县粮食播种面积达133万亩，年产粮食12亿斤以上。为进一步夯实"粮食生产安全"责任，保护好黑土地这个"耕地中的大熊猫"，柳河县高度重视黑土地保护利用，全面实施藏粮于地、藏粮于技战略，推动工程与生物、农机与农艺、用地与养地相结合，确保黑土地永续利用。

二、典型做法及取得的成效

（一）坚持问题导向，探索山区黑土地保护技术模式

柳河县耕地面积虽然在总量上属于吉林省东南部地区较大的县份，但作为山区县，地形多为丘陵岗地，地块极为分散，在保护黑土地方面，面临着与平原地区不同的难题，特别是农业生产大都以家庭为生产单位，采用起垄耕种方式，生产使用的机械多为小型农机，而保护黑土地的重点是提高黑土地耕作层和提升有机质含量，因此必须推广秸秆深翻还田、

秸秆免耕还田等措施。如何从柳河实际出发，打造一套山区县可复制、可推广的黑土地保护推广模式，成为柳河县黑土地保护的重点工作。

在推广黑土地保护利用的第一年，农民对直接开展秸秆深翻还田有抵触心理，特别是对破坏原有耕作垄进行深翻的技术模式无法接受。经农业农村部门调研了解，主要矛盾包括：一是大型机械作业和小型机械作业不好衔接；二是不利于农民划分土地使用；三是土地多年采取浅旋耕种后，存在犁底层变浅、土地板结等突出问题。要想实现黑土地保护措施的落地，必须要破解农民群众遇到的实际问题。柳河县采取两路推进的方式，积极探索形成了两种技术模式。

※ 模式一：秸秆深翻还田技术

先从打破犁底层、增加黑土地耕作层入手，大力推广耕地深松，并在深松的过程中配施有机肥，增加黑土地土壤有机质含量，形成了深松加有机肥的第一个黑土地保护技术模式，该模式直接解决了农民耕种中遇到的问题，在不破坏原有耕作垄的基础上，缓解土壤板结、增施有机肥都符合农民的耕种思想，获得了农户的大力支持，为开展黑土地保护利用，打下了良好的群众基础，许多村实现整村推进。

由于秸秆深翻还田技术在山区县推广较少，农民群众对于该技术能否适用于本地区没有直观认识，担心造成粮食减产。对此，柳河县在实际工作中，采取"以点带面、试验示范"的形式推广"秸秆深翻还田技术"。具体工作中，对于大型机械和小型机械衔接问题，在示范推广时，一是鼓励合作社或者社会化服务组织开展土地全程托管模式，深翻播种一体化，直接用大型机械替代小型机械。二是对于深翻地块实行重镇压，通过压实表土为第二年农民小型机械作业提供良好环境。对于深翻破坏原有垄影响农民土地划分使用问题，在实际解决中，一是对于两块紧邻的地块，在作业中可以注意保留地块划分垄，使其继续作为地块边界存在。二是对于一个地块中有多家农户耕种垄的情况下，则从深翻技术对整个地块增产增效出发与农户协商，实现整体的增产增效，并在作业时采取保留垄头垄尾翻中间、保持同一地块农民的垄数不变等方法，让农民不为丢失耕种垄而担心。最终用实打实的增产效果解决农民细微的垄间问题。

同时，还探索在山地、岗地等坡耕地开展秸秆深翻还田作业示范，让农民亲眼所见，坡耕地也可以实现秸秆深翻还田，并亲眼见证秸秆深翻还田在增加耕作层、提高产量方面的效果，提高农民群众对"秸秆深翻还田技术"的认识，并在实践中不断优化坡耕地作业的速度、作业方向和作业路线，不断提高本地农机手坡耕地深翻作业能力和效率，确保农机作业安全和作业质量，为全面推开"秸秆深翻还田技术"奠定良好基础。

※ 模式二：玉米秸秆旋耕还田技术和水稻秸秆半量还田技术

柳河县作为吉林省黑土地保护利用9个试点县之一，在"秸秆深翻还田技术"还处于示范推广阶段难以大面积实施的情况下，必须找到农民可接受、保护有效果的技术模式。对此，仍是从农民生产的实际出发，柳河县探索出了第二套黑土地保护技术模式，即玉米秸秆旋耕还田技术和水稻秸秆半量还田技术。在抓住春天墒情良好的有力条件下，全力推广玉米秸秆旋耕还田。在具体实施过程中，重点结合农民实际耕作形式，主要选取机收地块，农户机械收获后秸秆第一次粉碎铺于地表，由作业单位使用秸秆粉碎机对秸秆进行二次粉碎，达到碎末状或者丝状，颗粒大小不超过5厘米，能与土壤充分混合，然后用大马力旋耕机将秸秆均匀旋于土壤当中，深度为20厘米左右，同时开展起垄镇压或直接镇压后播种，达到秸秆还田播种一体化，由此既实现秸秆还田增加有机质的目标，又不破坏农民原有耕作垄，并且通过旋耕增加耕作深度，疏松土壤，方便农民起垄耕作，获得了农民的一致认可。但必须要着重说明的是，该模式必须在春天墒情条件较好，雨水丰沛地区实施，干旱地区不可实施。

在水稻秸秆半量还田技术方面，柳河县通过与吉林大学团队合作，重点攻关占柳河县黑土地面积四分之一的水田黑土地保护技术。通过借鉴黑龙江水稻秸秆全量还田技术，深入分析柳河水田耕种形式，特别针对柳河水田灌溉能力水平有限、无法实施水田灌排控制、只能一次灌水的情况，考虑水稻秸秆全量还田会导致秸秆还田量过大腐化产生甲烷和硫化氢较多，影响稻苗的问题，采取了水稻秸秆半量配施有机肥的技术模式。在水稻收获时，留茬高度在15~20厘米，其余秸秆打包取出，控制剩余秸秆量为30%~50%，使用大型机械进行深翻或直接旋耕还田，将秸秆翻入地下，在不打破隔水层前提下，翻地或旋埋深度在25厘米左右，并配施有机肥开展秋平地。该模式既提高了耕作层深度，实现增加土壤有机质目的，又探索解决了水田秸秆腐化产生氯气影响稻苗的难题，为灌溉能力有限地区提供了可操作的技术模式，推广效果很好。

通过第一年深松加有机肥技术模式，第二年秸秆旋耕还田加有机肥、水稻秸秆半量还田加有机肥模式以及"以点带面、试验示范"推广秸秆深翻还田技术，第三年大面积推广秸秆深翻还田技术已经具备装备、技术、农民认识的基础，形成了柳河县目前主推的"一年深松、一年深旋、一年深翻"的黑土地保护利用技术模式，全县黑土地保护利用试点区域旱田耕作层平均达到30厘米以上，同比增加70%以上。水田耕作层平均达到20厘米以上，同比增加10%以上。试点区域黑土地耕地有机质含量由试点前平均2.6%，增长到3%，黑土地保护利用效果显著。

（二）探索统筹项目建设，推进综合治理

柳河县在开展黑土地保护利用中，不断探索各项目的统筹建设。从农田规划方面，由农业农村部门牵头会同自然资源等部门，划定粮食生产功能区和重要农产品保护区，并将"两区"作为高标准农田建设等重点项目的建设范围，进一步体现保护黑土地、建设高标准农田就是在保障粮食安全。从农田建设方面，全面加强全县黑土地保护项目、高标准农田建设项目的集中推进，从农田配套设施、耕地地力提升等多方发力，打造高产稳产的高标准农田。从农肥还田方面，不断建立健全全县畜禽养殖粪污综合利用体系，全县规模化养殖场粪污处理设备配套率达到100%。结合农村环境整治，建设304个村级粪污收集中心，全县畜禽粪便还田率达到95%以上。从农田污染治理方面，开展耕地土壤环境监测，在全县范围内设置农产品产地土壤常态化监测点435个，并选取其中39个监测点作为国家例行监测点，重点监测铅、汞、砷、镉和铬5种重金属。建立农产品产地土壤重金属污染定期监测制度和监测预警机制，做到农产品产地重金属污染早发现、早处置，保护农业生态安全，防止农产品污染。同时，水利、林业部门也加强水土保持工作，强化山区小流域治理和退耕还林工作，进一步提高黑土地保护水平。未来柳河将不断从耕地质量、耕地配套设施、耕地水土保持、耕地污染治理等多方面推进全县黑土地保护。

山东省盐渍（碱）化土壤改良技术探索

山东省盐渍（碱）化土壤包括盐土、碱土、滨海盐土及潮土土类的盐化潮土和碱化潮土，广泛分布在黄河冲积平原、黄河三角洲及滨海地区，由于土壤含盐量较高影响了作物生长，甚至不能生长。根据第二次全国土壤普查统计数据显示，山东省盐渍（碱）化土壤面积为2 100万亩，盐渍（碱）化耕地面积为1 223万亩，分别占本省土壤及耕地总面积的12%和10%。三十多年来，随着黄河来水量减少、降水量减少以及用水量增加，该区域特别是黄河冲积平原区，地下水位明显下降，并且经过多年的治理改造、人为精细管理，盐渍（碱）化土壤面积明显减少，据调研，全省盐渍（碱）化耕地面积576.01万亩。土壤盐渍（碱）化是在一定条件下，盐分随潜水向土壤上层集聚的过程，即"盐随水来"，黄河冲积平原、黄河三角洲地区因特殊的地理环境，始终存在盐渍（碱）化威胁，而且盐渍（碱）化土壤由于受到盐分影响，地力水平低，农作物产量低而不稳。因此，治理改良盐渍（碱）化土壤对山东省耕地地力水平提升及农作物产量提高具有重要意义。

一、盐渍（碱）化土壤分布

山东省土壤肥料总站对黄河冲积平原及黄河三角洲地区的德州市、滨州市、聊城市、菏泽市、东营市全区域及济宁市、济南市、淄博市、潍坊市部分县（市、区）的盐渍（碱）化区域，不包括未利用的盐土、滨海盐土、碱土等，进行了盐渍（碱）化土壤面积及盐渍（碱）化程度调查，共涉及调查耕地面积 5 000 万亩，布设调查点位 3 565 个。调查结果显示，黄河冲积平原及黄河三角洲地区仍然存在不同程度的盐渍（碱）化，盐渍（碱）化耕地面积 576.01 万亩，占本次调查耕地面积的 11.30%，占全省耕地面积的 5.05%，与第二次土壤普查面积相比，减少了 647 万亩。当前的盐渍（碱）化土壤主要分布在东营市、滨州市，其他市也有少量分布。

二、盐渍（碱）化土壤障碍因素分析

盐渍（碱）化土壤广泛分布于黄河冲积平原，滨海盐土分布于滨海平原，常呈平行于海岸的带状分布。盐渍（碱）化土壤的形成受气候、水文、地形、土壤条件等因素影响，黄河冲积平原属暖温带季风气候区，四季分明，雨量集中，具有春旱夏涝、秋季又旱的气候特点，土壤水盐年度变化为春季土壤强烈蒸发－积盐、初夏相对稳定、雨季淋洗－脱盐、秋季再蒸发－积盐、冬季相对稳定，土壤盐分有明显的阶段性。地下水埋深浅且地下水矿化度高的地区，往往盐渍（碱）化发生严重，东营市和滨州市地处黄河三角洲地区，地下水埋深小于 3 米、地下水矿化度大于 2 克/升的面积大，所以盐渍（碱）化土壤面积相对其他市也大。在同一个区域，地形与土壤质地又影响了土壤表层含盐量，沙壤土、轻壤土毛管孔径适中，地下水上升速度快、高度大，土壤最易盐渍（碱）化。以上分析可以看出，盐渍（碱）化土壤受地理环境、水文及土壤条件影响较大。

盐渍（碱）化土壤主要障碍因素是土壤盐化程度较高，即含盐量高，作物难以生长。其主要原因为土壤地下水位较高，矿化度较大，地形分布以低洼地为主，排水不畅，盐分积累，土壤肥力较低。尤其黄河三角洲为典型的入海河口三角洲，坡降小，地表平缓，自然泄水能力低，且地下水位高，矿化度大，土壤盐渍（碱）化程度高，大部分土地荒芜。其中的盐化潮土目前多被农业生产利用，但不同程度受到盐碱危害，产量低而不稳。根据盐渍（碱）化土壤对作物的危害程度，分为轻度、中度和重度三个程度。从农业生产看，轻度盐化潮土，种植作物多为小麦－玉米一年二作，粮食单产500～800千克；中度盐化潮土种植作物为小麦－玉米一年二作或种植棉花，粮食单产400～600千克；重度盐化潮土和部分盐土，主要种植棉花。冬枣是一种耐盐植物，在盐渍（碱）化地区种植较为适宜，产量基本不受影响，且品质较好，目前在盐渍（碱）耕地上冬枣种植面积较大。

三、盐渍（碱）化土壤改良措施

改良盐渍（碱）化土壤应从其形成因素入手，气候因素不可改变，但人为的合理耕作和施肥管理，可减弱土壤盐分表聚。根据盐分随地下水向土壤上层集聚或向土壤下层移动，即"盐随水来、盐随水去"的特点，通过工程措施，改变盐分的运动方向，使盐分下移或从土体中排出，并采取合理耕作、增施有机肥等配套措施防止盐分回升。在具体措施上，要从水的治理和调控入手，加水冲洗到植物能出苗生长即可。加强排水、合理灌溉，完善灌排水利体系，并配合各种农艺、生物、化学等配套措施加以改良。在黄河冲积平原及黄河三角洲地区盐渍（碱）化土壤与非盐渍（碱）化土壤存在动态转化关系。一方面，改良好的盐渍（碱）化土壤当矿化度较高的地下水位上升到土壤表层时，盐分开始积累，又成为盐渍（碱）化土壤，影响作物生长；另一方面，盐渍（碱）化土壤由于矿化度较高的地下水位下降，加上降雨与灌溉淋洗土壤盐分，配套合理的农作管理，转化为非盐渍（碱）化土壤。山东省盐渍（碱）化土壤面积之所以大幅度减少，与矿化度较高的地下水位下降因素是分不开的，人为的沟、渠、路、林合理布局，科学的耕作、培肥等也起到很大作用。

（一）工程措施改良技术

工程措施是改良盐渍（碱）化土壤的根本，通过工程措施，有效降低和控制地下水位，从而抑制土壤返盐，提高自然降水和人工灌溉的脱盐效果，实现区域脱盐和土体脱盐。

1.深沟排盐工程

根据降低地下水位、控制返盐、改良盐渍（碱）化土壤的要求，设计支沟、斗沟、农沟和毛沟的间距和断面。支沟一般深度3.5米，斗沟间距400米，深度3米，农沟间距150～300米，沟深2.5米。实际设计时可参考计算公式确定排水沟深度和间距。排水沟深度＝地下水临界深度＋排水沟中部地下水位与排水沟内水位之差（一般采用0.2～0.4米）＋排水沟排地下水时的设计水深（一般采用0.2米）。排水沟间距：在壤土质地盐渍（碱）土，沟深为1.7～3.5米时，以排水沟单侧脱盐范围为沟深的60～100倍计算，黏土质地盐渍（碱）土沟深在2～2.1米，以排水沟单侧脱盐范围为沟深的80～100倍计算。

2. 平地挖沟压盐碱工程

适于地下水位高、面积大的轻、中度盐渍（碱）化耕地。一般在条田内挖沟2.5～3.0米深，与外围主引、排水沟渠相通，做到排、灌结合，条田长度根据具体情况而定。根据东营市多年的试验观测，在不使用黄河水灌溉的基础上，经过2～3年的雨水淋洗，大部分地块可脱盐变为轻度或中度盐渍（碱）化地块，100厘米深土层含盐量可下降到3克／千克左右。

3. 高筑台田工程

一般高出原地面1.8～2米，宽度30米左右，长度根据实际情况而定，台田两侧要有比较大的引、排水沟，并与外围主引、排水沟渠相通，做到旱能引、涝能排、碱能改。采取这一模式，第三年100厘米内的含盐量可下降到3克／千克左右，用于种植棉花、大豆等耐盐碱作物，第四年继续脱盐，100厘米内土层含盐量可下降到2克／千克左右，可种植花生、西瓜、玉米等作物。

4. 暗管排碱工程

暗管排碱是利用人工或机械将排碱滤管埋入1.6～2.0米深的地下，排出土壤中盐分，是改良盐碱地的一种新技术。目前主要在东营市完成了10多万亩暗管排碱工程，通过对实施后的监测，暗管排水能明显降低地下水位，有效地降低土壤含盐量。

5. 平整土地工程

平整土地是农田水利工程得以充分发挥作用的基础，同时也是灌水冲洗压盐的需要。土地平整一般以方田为单位进行，如果地面起伏过大，还需打破方田界限，实行大平大整。土地平整一般在秋冬进行，然后进行冬灌压盐和冻伐。因黄河三角洲淡水资源紧张，灌水定额可掌握在抗旱灌水用量的2倍，将耕作层土壤盐分冲洗到植物能出苗生长即可。

（二）农艺措施改良技术

1.采用合理耕作技术

通过采用正确的耕作技术，达到局部改良盐渍（碱）化耕地的目的。如划锄、深松可有效降低土壤容重，增加渗透性，切断盐分上移的土壤毛细管，阻断盐分在表层积累。

2.沟种躲盐技术

根据"盐随水来，水去盐存"的特点，采取沟种躲盐，即开沟起垄。在强烈返盐的季节，垄背蒸发强烈返盐多，沟内返盐少，沟内种植作物比较安全。

3.种稻改盐技术

种稻改盐适合于水资源丰富区域，是当年投入当年见效的改良措施。山东省种稻改盐过去主要集中在黄河三角洲地区，通过几年水稻种植，土壤得到良好的脱盐改良。但由于近年来黄河来水量减少、工业用水量增加等原因，种稻改盐面积不断减少。

4.地力培肥技术

充分利用当地畜禽粪便、土杂肥等有机肥料资源增加有机肥料用量，亩施有机肥2 000千克以上。小麦、玉米两季秸秆全部还田，结合深耕翻压将秸秆全部入土，并配套其他技术。增施有机肥可以提高土壤有机质，改善土壤结构，增强土壤保水保肥能力，减少水分蒸发，抑制返盐，加速脱盐，同时，有机质可以与钠离子结合，减少钠离子毒害。

5.覆盖技术

覆盖技术包括秸秆覆盖和地膜覆盖，地表覆盖能够减少土壤表层蒸发，抑制返盐。盐渍（碱）化土壤区因秸秆数量少，秸秆覆盖应用面积相对较少，而地膜覆盖由于技术成熟，抗旱抑盐效果好，得到广泛应用，但应注意地膜回收，防止白色污染。

（三）化学及生物措施改良技术

1.化学措施

化学改良盐渍（碱）化土壤的主要作用：一是凝聚土壤颗粒，改善土壤结构。通过改良剂具有的膨胀性、分散性、黏着性等特性，使因盐碱而分散的土壤颗粒聚结从而改变土壤的孔隙度，提高土壤通透性，利于盐分淋洗。二是置换土壤Na^+，促进盐分淋洗。改良剂本身带有或者发生化学反应产生的离子能够置换Na^+，促进盐分淋洗。三是中和土壤碱性。采用酸性改良剂可直接中和土壤中的碱性物质，并且溶解$CaCO_3$，释放Ca^{2+}以置换土壤中的Na^+。由于土壤是一个大的缓冲体，且盐渍（碱）化地区有盐渍（碱）化条件，化学改良可能在一个阶段内效果较好，但效果持续时间较为有限。

2.生物措施

改变作物种植模式，优先选用生物耐盐作物种类种植，可采用粮食作物－牧草间作、粮食作物－绿肥轮作、棉花－牧草间作、棉花－绿肥轮作等等，通过牧草、绿肥培肥地力、抑制土壤返盐。牧草、绿肥耐盐性强，植物茎叶繁茂，可有效降低地表水分蒸发，减轻土壤返盐。发达的根系可伸入土壤深层，提高土壤的透水性和保水力，抑制土壤盐分表聚，降低土壤表层含盐量，加速脱盐。如田菁可适应含盐量8克／千克左右的重度盐渍（碱）土，在重度盐渍（碱）土中的生物量仍能达到正常土壤中生物量的95%以上。在全盐含量4克／千克的土壤上连续种植3年苜蓿，土壤含盐量下降到2克／千克，种植田菁后表土层盐分下降25.2%~64.0%，种植黄花草木樨的脱盐率为13.3%~95.4%。

案例三

广东省台山市酸性土壤改良案例

广东省台山市位于珠江三角洲西部沿海，属亚热带季风气候，年平均温度22℃，年降雨量介于2 270~2 460毫米，光热水资源丰富，具有良好的农业气候优势。但是，该区域风化淋溶作用强烈，脱硅富铝化过程导致土壤普遍偏酸，土壤pH处于5.5以下的耕地占比高达70%以上。此外，该区域还广泛存在发育于还原性硫化物矿物成土母质的土壤，即反酸田土壤，改良难度相对更大。调查显示，该区域内反酸田土壤pH仅为3.6~4.3、交换性铝含量高达580.6~620.2毫克／千克、交换性锰含量高达58.3~72.5毫克／千克，严重制约作物生长。受强酸环境条件影响，土壤有效磷含量仅为4.5~10.6毫克／千克，速效钾含量也只有20.5~56.5毫克／千克，土壤养分有效性显著降低。种植的水稻植株矮小，叶片出现多种复合缺素症状，稻谷每亩产量仅有100千克左右。为有效提升耕地质量，促进水稻增产，台山地区针对该类型土壤集成应用了高效率、低成本的综合改良技术措施。在水分管理方面，采用以水压酸高效灌排；在施肥管理方面，增施碱性改良剂并配合施用有机无机肥料（碱性肥料）；在农艺措施方面，结合栽培优质耐酸水稻品种。

针对土壤pH在4.5~5.5范围内的强酸化耕地的治理，主要以精准施用碱性土壤调理剂为主要技术，结合水旱轮作和科学施肥的控酸培肥综合治理模式。双季稻的实施路径为"碱性土壤调理剂＋秸秆腐熟还田＋肥料深施"模式。先施用秸秆腐熟剂、氮肥、秸秆旋耕入土、施用土壤调理剂后进行泡田，待酸土与碱性土壤调理剂充分中和后移栽早稻，在种植早稻时同步进行精准深施化肥，最后在早稻收获后将秸秆粉碎还田。晚稻后续步骤与早稻相同。"经济作物－水稻种植"的实施路径为"碱性土壤调理剂＋水旱轮作＋秸秆腐熟还田＋有机替代＋配方肥＋肥料深施"。种植前，先基施有机肥和60%配方肥，后翻耕土壤、耙平整地，种植经济作物，追施40%配方肥，施用土壤调理剂，在经济作物收获后施用秸秆腐熟剂和氮肥，并将秸秆粉碎还田并撒施碱性土壤调理剂后泡田，待土壤酸碱中和后移栽晚稻，在种植晚稻时同步进行精准深施化肥，最后在晚稻收获后秸秆粉碎还田。

针对土壤pH小于4.5的极强酸化耕地的治理，主要以加大土壤调理剂用量和以水压酸的技术，同时结合选种耐酸品种和科学施肥的降酸改土治理模式。双季稻的实施路径为"碱性土壤调理剂＋以水压酸＋选种耐酸品种＋有机无机配施＋碱性肥料"模式。先通过灌溉排水，冲洗土壤，后撒施碱性土壤调理剂、旋耕平地，施用有机肥、钙镁磷肥、尿素、钾肥，种植耐酸水稻品种后追肥，在早稻收获时秸秆粉碎还田，施用秸秆腐熟剂和氮肥，再撒施土壤调理剂。晚稻后续步骤与早稻相同。

据台山市冲娄镇示范区的监测数据显示，通过采用上述综合技术措施，强酸性的反酸田耕作层土壤pH提高至4.5以上，示范区稻谷产量达到385.6千克/亩的中高产水平。

图书在版编目（CIP）数据

耕地质量建设保护政策技术问答 / 农业农村部农田
建设管理司，农业农村部耕地质量监测保护中心编著.—
北京：中国农业出版社，2023.1
ISBN 978-7-109-30396-6

Ⅰ.①耕… Ⅱ.①农… ②农… Ⅲ.①耕地保护－农
业政策－中国－问题解答 Ⅳ.①F323.211－44

中国国家版本馆 CIP 数据核字（2023）第 020436 号

耕地质量建设保护政策技术问答
GENGDI ZHILIANG JIANSHE BAOHU ZHENGCE JISHU WENDA

中国农业出版社出版
地址：北京市朝阳区麦子店街 18 号楼
邮编：100125
责任编辑：王庆宁 文字编辑：赵世元
版式设计：姜 欣 责任校对：吴丽婷
印刷：中农印务有限公司
版次：2023 年 1 月第 1 版
印次：2023 年 1 月北京第 1 次印刷
发行：新华书店北京发行所
开本：700mm×1000mm 1/16
印张：7.25
字数：105 千字
定价：45.00 元